정선명리학 地

정선명리학 地

ⓒ 김만태, 2024

1판 1쇄 발행 2024년 7월 22일
1판 2쇄 발행 2025년 6월 10일

지은이	김만태
펴낸이	김만태
펴낸곳	지식의 통섭
제　작	열림프린팅
등　록	2023년 12월 22일
주　소	대구광역시 북구 구암로 180, 102-210(구암동)
전　화	010-4852-0967
이메일	con2022@naver.com
홈페이지	www.namestory.kr

ISBN 979-11-987687-2-8 03180

• 이 책은 저작권법에 의하여 보호를 받는 저작물이므로 무단 전재와 복제를 금합니다.
• 책값은 뒤표지에 있습니다. 파본은 구입처에서 교환해 드립니다.

천지인
정선명리학 地

우리는 어떻게 태어나 어떻게 살고 있는가?

노겸 **김만태** 지음
(前 동방대학원대학교 미래예측학과 교수, 문학박사)

지식의 통섭

머리말
천지인 '정선명리학 地'를 발간하며

30대에 들어서 동양사상과 한국문화에 관한 여러 자료를 접하는 과정에서 자연스레 풍수학과 사주학에 관한 책들도 보게 되었다. 그 인연이 삶의 굴곡 과정에서 더욱 이어져 지금은 사주명리학에 완전히 몸을 담그고 있다.

내가 명리학을 왜 공부하게 되었는가, 어떻게 공부할 것인가, 앞으로도 무엇을 할 것인가를 늘 되새기고 있다. 그래서 흔들리지 않으려고 나름대로 세 가지 원칙을 세우게 되었다.

① 명리 원전(原典)의 현대적 재해석 ② 사주명리의 실제적 적용 ③ 명리학의 학술적 정체성 확립. 지금도 이 세 가지를 명심하며 실행하려고 노력하고 있다. 그 결실 중 하나가 바로『정선명리학』이다.

원래는 2009년 서라벌대학교 풍수명리과에 명리학 강의를 맡게 되면서부터 1장씩 적었던 강의자료들이 계속 모이고, 2013년부터 동방대학원대학교 미래예측학과에서 명리학 강의와 논문 지도를 하면서 명리학에 대한 전반적인 이해를 높일 필요가 있어서,『명리학강론』이름으로 그간의 연구자료와 강의자료들을 정리해서 묶고, 내용을 계속 수정 보완하면서 대학원 강의교재로 활용해오던 책이다.

그 책을 2022년 3월에『정선명리학강론』으로 발간하였는데, 2년이 흘러 이번에 천지인(天地人) 세 권으로 나누면서 다시 내용을 수정하고 보완하였다.

본래 대학원 강의교재로 10년간 사용하던 책이라서 명리학의 입문자들에게는 이해하기가 어렵고, 명리학을 공부해온 분들에게도 생소한 내용이 많이 있다. 하지만 위 세 가지 원칙을 바탕으로 명리학에 대한 보다 온전한 이해를 위해서는 단행본으로 펴내는 것이 필요하다는 생각이 들어 다시 천지인(天地人) 세 권으로 나누어 발간하게 되었다.

사주명리의 술수적·방법적 측면의 연구를 통해 사주명리의 정확성을 높이려는 노력과 사주명리의 사상적·철학적 측면에 관한 연구도 병행되어야 한다. 그래야만 사주명리학의 정체성을 올바르게 정립할 수 있으며, 나아가 한결 성숙되고 보다 높은 차원으로 사주명리 문화가 발전해 나갈 수 있다.

나를 포함하여 우리 학우·도반들의 건체강심(健體康心)함을 기원드린다.

2024년 갑진(甲辰)년 입추(立秋)절
고향 칠곡(漆谷)에서
노겸(勞謙) 김만태 삼가 씀

저자 소개

노겸(勞謙) 김만태

* 勞謙: 지산겸(地山謙 ䷎)괘 구삼(九三)효

경력 경북대학교 평생교육원 강의(정선사주명리, 실생활 주역, 훈민정음 오행 성명학)
前동방대학원대학교 미래예측학과 교수(명리학·성명학)
前동방대학원대학교 명리성명학연구소장
前서라벌대학교 풍수명리과 교수·학과장
바른역사학술원 편집위원, 한국명리성명학회 창립회장

학력 국립안동대학교 대학원(문학박사):
「한국 사주명리의 활용양상과 인식체계」(2010)
원광대학교 동양학대학원(문학석사):
「명리학의 한국적 수용 및 전개과정에 관한 연구」(2005)
인하대학교 항공공학과(공학사)

연구실적

연구서 『올바른 작명을 위한 훈민정음』(2025), 『실생활 주역』(2024)
『정선명리학강론』(2022), 『훈민정음 모자음오행 성명학』(2022)
『한국 사주명리 연구』(2012 대한민국학술원 선정 우수학술도서)
『한국 성명학 신해』(2016) 등 15권

연구논문 한국연구재단 등제(KCI) 학술논문 100여 편

주요 논문 목록

서자평(徐子平)의 『명통부(明通賦)』에 함축된 신법명리 체계와 특징
　한양대학교 미래문화연구소, 『미래문화』 제7호, 2023.07

명리학의 학문적 정체성 확립에 관한 연구
　글로벌지식융합학회, 『지식융합』 제5(1)호, 2022.06

한글에 함축된 음양 배속, 오행 상생, 천지인 삼원 사상 고찰
　부산대학교 한국민족문화연구소, 『한국민족문화』 제81집, 2022.03

민속신앙의 원형으로서 간명일장금(看命一掌金)의 십이성과 십이지의 연관성 고찰
　한국민족사상학회, 『민족사상』 제15(3)호, 2021.09

타로(Tarot) 메이저 아르카나와 음양(陰陽)·삼원(三元)의 상관성 고찰
　　　　한국문화융합학회,『문화와 융합』제43(4)호, 2021.04
『훈민정음해례(訓民正音解例)』에 의거한 모자음(母子音)오행성명학의 실증사례 분석
　　　　한국민족사상학회,『민족사상』제14(3)호, 2020.12
『황제내경(黃帝內經)』과『동의보감(東醫寶鑑)』정기신(精氣神)론의 명리학적 적용 고찰
　　　　한국학중앙연구원,『한국학』제43(2)호, 2020.06
조선조 음양과(陰陽科) 명과학(命課學)의 필수과목『원천강(袁天綱)』연구
　　　　단국대학교 동양학연구원,『동양학』제77집, 2019.11
육자진언(六字眞言) '옴마니반메훔' 소리의 모자음오행 분석
　　　　아시아문화학술원,『인문사회21』제10(3)호, 2019.06
모자음오행(母子音五行)의 성명학적 적용 연구
　　　　동방문화대학원대학교 동양학연구소,『동방문화와 사상』제6집, 2019.02
중국 명리원전 ≪낙록자부주(珞琭子賦注)≫에 관한 고찰
　　　　중국인문학회,『중국인문과학』제69집, 2018.08
무라야마 지쥰(村山智順)의 조선 점복조사에 대한 비판적 고찰
　　　　부산대학교 한국민족문화연구소,『한국민족문화』제66호, 2018.02
한국 성명학(姓名學) 연구의 현황과 과제
　　　　동방문화대학원대학교 동양학연구소,『동방문화와 사상』제3집, 2017.08
명리원전『명리정종(命理正宗)』에 함축된 병약(病藥)사상 고찰
　　　　단국대학교 동양학연구원,『동양학』제67집, 2017.04
『조선왕조실록』에 나타난 사주명리의 반체제적 성향
　　　　고려대학교 민족문화연구원,『민족문화연구』제72호, 2016.08
중국 명리원전(命理原典)『낙록자삼명소식부주(珞琭子三命消息賦注)』고찰
　　　　영산대학교 동양문화연구원,『동양문화연구』제24집, 2016.08
중국 명리원전(命理原典) ≪이허중명서(李虛中命書)≫ 고찰
　　　　중국인문학회,『중국인문과학』제62집, 2016.04
신재효의 판소리 사설에 나타난 민속신앙
　　　　전북대학교 인문학연구소,『건지인문학』제15집, 2016.02
현대 한국사회의 이름짓기 요건에 관한 고찰: 발음오행 성명학을 중심으로
　　　　한국민속학회,『한국민속학』제62집, 2015.11
간지기년(干支紀年)의 형성과정과 세수(歲首)·역원(曆元) 문제
　　　　한국학중앙연구원,『정신문화연구』제140호, 2015.09
사시(四時)·월령(月令)의 명리학적 수용에 관한 고찰
　　　　한국학중앙연구원,『정신문화연구』제136호, 2014.09
창씨개명 시기에 전파된 일본 성명학(姓名學)의 영향
　　　　한양대학교 동아시아문화연구소,『동아시아문화연구』제57집, 2014.05
명리학에서 시간(時間)에 관한 논점 고찰: 자시(子時)를 중심으로
　　　　원광대학교 원불교사상연구원,『원불교사상과 종교문화』제59집, 2014.03
십이지의 상호작용 관계로서 충(衝)·형(刑)에 관한 근원 고찰
　　　　한국학중앙연구원,『정신문화연구』제132호, 2013.09
서거정의 命理觀 연구:『오행총괄』序와『필원잡기』를 중심으로
　　　　한국국학진흥원,『국학연구』제22집, 2013.06
사주와 운명론, 그리고 과학의 관계
　　　　원광대학교 원불교사상연구원,『원불교사상과 종교문화』제55집, 2013.03
地支의 상호 변화작용 관계로서 地支合 연구
　　　　서강대학교 철학연구소,『철학논집』제31집, 2012.11

조선조 命課學 試取書 『徐子平』에 관한 연구
한국학중앙연구원, 『장서각』 제28집, 2012.10

성수신앙의 일환으로서 북두칠성의 신앙적 화현 양상
연세대학교 국학연구원, 『동방학지』 제159집, 2012.09

훈민정음의 제자원리와 역학사상: 음양오행론과 삼재론을 중심으로
서울대학교 철학사상연구소, 『철학사상』 제45호, 2012.08

天干의 상호 변화작용 관계로서 天干合 연구
서강대학교 철학연구소, 『철학논집』 제30집, 2012.08

현대 한국사회의 이름짓기 방법과 특성에 관한 고찰: 기복신앙적 관점을 중심으로
한국종교학회, 『종교연구』 제65집, 2011.12

민속신앙을 읽는 부호, 십간(十干)·십이지(十二支)에 대한 근원적 고찰
고려대학교 민족문화연구원, 『민족문화연구』 제54호, 2011.06

한국 일생의례의 성격 규명과 주술성
한국학중앙연구원, 『정신문화연구』 제122호, 2011.03

조선 전기 이전 四柱命理의 유입 과정에 대한 고찰
서울대학교 규장각한국학연구원, 『한국문화』 제52호, 2010.12

세시풍속의 기반 변화와 현대적 변용
비교민속학회, 『비교민속학』 제38집, 2009.04

한국 맹인 점복자의 전개양상
한국역사민속학회, 『역사민속학』 제28호, 2008.11

역서(曆書)류를 통해 본 택일문화의 변화
국립민속박물관, 『민속학연구』 제20호, 2007.06

활동경력

인천광역시교육청, 서울대학교 규장각한국학연구원, 원광대학교 동양학대학원, 경기대학교 예술대학원, 한양대학교 융합산업대학원, 경성대학교 경영대학원, 가톨릭관동대학교, 한양대학교 동양학 대토론회 등 특강 다수,

한국도교문화학회와 공동 학술세미나(도교·노자·명리학) 개최(2019.12.7)

국립한글박물관 초청 2022년 <한글문화 강좌>(2022.8.16.)
 - 한글에 우주의 원리가 담겨 있다? 한글 창제원리와 음양오행설의 이해

고려대학교 민족문화연구원·법원행정처 <대법원 인명용 한자 확대 방안> 공동 학술세미나 개최(2022.11.18)

SBS 8시뉴스, MBC 생방송 오늘아침, KBS 아침뉴스타임, KBS 추적60분(운명의 바코드 750105) 등 방송 출연 및 신문 보도 다수.

(KBS 추적60분, 운명의 바코드 750105)

목 차

제4장. 사주명리학의 유래와 전개   13
   1. 사주명리학의 기원   15
     오행의 유래   23
   2. 고법(古法)명리와 신법(新法)명리   25
     자평명리학에서 자평(子平)의 의미   31
   3. 조선조의 명과학(命課學) 제도   33
   4. 현대 한국 사주명리학의 형성   37
     한국 사주명리학의 향후 과제와 전망   41

제5장. 사주와 운로   47
   1. 사주 조직   49
     며칠부터 '황금돼지해'인가?   57
   2. 시간 적용에 관한 문제   59
     표준시 변경과 서머타임 시행의 경과   67
   3. 대운·소운   69

제6장. 사주명리의 꽃 — 육신·십성   79
     왕상사수휴(旺相死囚休)   84
     각 육신의 생극 관계 용어   88
     정기신(精氣神)론의 명리학적 적용   90
     육신의 기본·정편(正偏) 특성   99
   1. 비견 — 독립·주관·자아·고집·배짱·주체성   102
   2. 겁재 — 승부·교만·경쟁·파재·분리·적극성   103
   3. 식신 — 풍요·연구·순수·생산·낙천·재테크   105
   4. 상관 — 재치·언변·다재·다능·응용·재테크   106
   5. 편재 — 투기·유통·역마·과감·활동·사교성   107
   6. 정재 — 저축·근면·성실·정확·꼼꼼·책임감   108
   7. 편관 — 강제·개혁·투쟁·희생·인내·권력성   109

8. 정관 — 도덕·보수·명예·인격·원칙·합리성　　111
9. 편인 — 의심·직관·영감·장인·외곬·고독성　　112
10. 정인 — 자애·육영·학문·문서·계획·자격증　　113
　　10가지 성격 요소: 십성(十星)의 특성　　115
　　육신의 길흉운　　116

제7장. 천간·지지의 상호작용 관계　　119
1. 천간합의 구성 원리　　121
　(1) 천간합　　124
　(2) 천간충　　125
　　천간합과 오방색　　127
2. 지지합·충·형·파·해·원진　　129
　(1) 지지삼합　　129
　(2) 지지방합　　131
　(3) 지지육합　　132
　(4) 지지충　　134
　　육기(六氣)와 지지충　　138
　(5) 지지형　　142
　(6) 파·해·원진　　144

제8장. 십이운성·공망·신살　　147
1. 십이운성　　149
　십이운성의 운행과 적용에 관한 문헌 검토　　157
　『자평진전』의 십이운성론　　158
　십이운성과 육신의 참고자료　　160
2. 공망　　162
3. 신살　　172

제4장. 사주명리학의 유래와 전개

1. 사주명리학의 기원
   오행의 유래
2. 고법(古法)명리와 신법(新法)명리
   자평명리학에서 자평(子平)의 의미
3. 조선조의 명과학(命課學) 제도
4. 현대 한국 사주명리학의 형성
   한국 사주명리학의 향후 과제와 전망

제4장. 사주명리학의 유래와 전개

1. 사주명리학의 기원

사주명리가 오래전 중국에서 만들어졌다는 것은 이미 알려진 바와 같다. 하지만 그 시원(始原)은 자세히 알기 어렵다.[1] 하지만 그 기원을 추정해보지 않을 수 없다. 사주명리가 가능하기 위해서는 앞서 살펴본 바와 같이 먼저 음양오행(陰陽五行) 사상이 정립되어야 하고, 천간·지지가 각기 음양오행으로 배속되어야 하며, 천간(10)과 지지(12)의 최소공배수인 60갑자로 날짜를 세는 간지력(干支曆)이 확립되어야 한다. 그리고 태어난 때[時]로 사람 명운(命運)의 길흉을 해석하기 위한 점성술(占星術)의 지식이 축적되어야 한다. 또한 사람의 명(命)은 처음 태어날 때 그가 받은 품기(稟氣)에 의해서 길흉화복이 이미 결정된다는 정명(定命)사상 등도 그 바탕에 형성되어 있어야 한다. 이 5가지 전제 조건이 형성된 시기를 고찰함으로써 사주명리학의 기원을 추리할 수 있다.

음양오행설은 전국시대(B.C.403~221) 말 추연(鄒衍, B.C.305~240)에 의해 이론적으로 거의 완전한 형태를 갖추었다. 이후에 한나라 유학자들, 특히 동중서(董仲舒, B.C.179~104)에 의해 추연의 음양오행 사상은 더욱 체계화되며 천인감응설(天人感應說)·재이설(災異說) 등으로 발전하였다. 이로부터 음양오행설은 술수학(術數學)에 튼튼한 기초를 제공해주는 방대한 사상이 되었다.

진한(秦漢)시대에 음양오행설이 크게 흥행함에 따라 많은 사물에 오행의 의미가 부여되었다. 천간·지지도 음양오행 체계 속으로 편입되었다. 특히 기원전 2세기 유안(劉安)이 빈객들을 모아 저술한 『회남자(淮南子)』에서는 간지(干支)를 오행에 배속하였다.

> "甲乙寅卯는 木이며, 丙丁巳午는 火이며, 戊己와 四季(辰戌丑未)는 土이며, 庚辛申酉는 金이며, 壬癸亥子는 水이다."[2]

---

[1] 陳素庵 저, 韋千里 선집, 『精選命理約言』(香港: 上海印書館, 1987), 103쪽, <雜論二十四則>, "祿命之學, 不詳所自起."
[2] 『淮南子』「天文訓」, "甲乙寅卯, 木也, 丙丁巳午, 火也, 戊己四季, 土也, 庚辛申酉, 金也, 壬

그리고 음양으로도 구분했는데 "날(日)에서 甲은 강하고 乙은 유약하며, 丙은 강하고 丁은 유약하니, 癸까지 이러하다."3)고 하여, 甲丙戊庚壬은 陽의 강한 성질을 띠고, 乙丁己辛癸는 陰의 약한 성질을 띤다는 것이다. 또한 지지와 오행의 성쇠(盛衰)관계4)도 정하였다.

"木은 해(亥)에서 나고 묘(卯)에서 성했다가 미(未)에서 죽는데, 해묘미(亥卯未) 모두 木이다.
火는 인(寅)에서 나고 오(午)에서 성했다가 술(戌)에서 죽는데, 인오술(寅午戌) 모두 火이다.
土는 오(午)에서 나고 술(戌)에서 성했다가 인(寅)에서 죽는데, 오술인(午戌寅) 모두 土이다.
金은 사(巳)에서 나고 유(酉)에서 성했다가 축(丑)에서 죽는데, 사유축(巳酉丑) 모두 金이다.
水는 신(申)에서 나고 자(子)에서 성했다가 진(辰)에서 죽는데, 신자진(申子辰) 모두 水이다."5)

또한 천간을 母에, 지지를 子에 비유하여 간지의 상생상극 관계로써 義·保·專·制·困6) 등을 정하였다.

"水는 木을 낳고, 木은 火를 낳으며, 火는 土를 낳고, 土는 金을 낳으며, 金은 水를 낳는다. 子[支]의 오행이 母[干]의 오행을 생하는 것을 義라 하며, 모가 자를 생하는 것을 保라 하며, 자와 모가 서로 같은 것을 專이라 하며, 모가 자를 이기는 것을 制라 하며, 자가 모를 이기는 것을 困이라 한다."7)

癸亥子, 水也."
3) 『淮南子』「天文訓」, "凡日甲剛乙柔, 丙剛丁柔, 以至於癸."
4) 제7장에서 살펴볼 지지삼합(地支三合)과 관련된다.
5) 『淮南子』「天文訓」, "木生於亥, 壯於卯, 死於未, 三辰皆木也. 火生於寅, 壯於午, 死於戌, 三辰皆火也. 土生於午, 壯於戌, 死於寅, 三辰皆土也. 金生於巳, 壯於酉, 死於丑, 三辰皆金也. 水生於申, 壯於子, 死於辰, 三辰皆水也."
6) 오행의 생극제화(生剋制化)와 관련된다.
7) 『淮南子』「天文訓」, "水生木, 木生火, 火生土, 土生金, 金生水. 子生母曰義, 母生子曰保, 子

이렇게 오행의 상생상극 관념과 육십갑자가 결합하면서 간지는 더 이상 단순한 부호가 아니라 상수화(象數化)·신비화된 관념과 복잡한 술수적(術數的) 의미를 지니게 되었다.

간지로 년(年)을 표기하는 것을 간지기년법(干支紀年法)이라 하는데, 간지기년법 이전에는 세성(歲星)기년법과 태세(太歲)기년법이 있었다.

세성기년법은 목성(세성)이 하늘을 12년에 한 바퀴 돈다는 규칙에 근거해서, 12등분한 하늘을 12차(次)로 삼아서 햇수를 표기했던 것이다.8) 하지만 세성은 서→동(반시계방향)으로 운행하므로 이전부터 있던 12지궁이 동→서(시

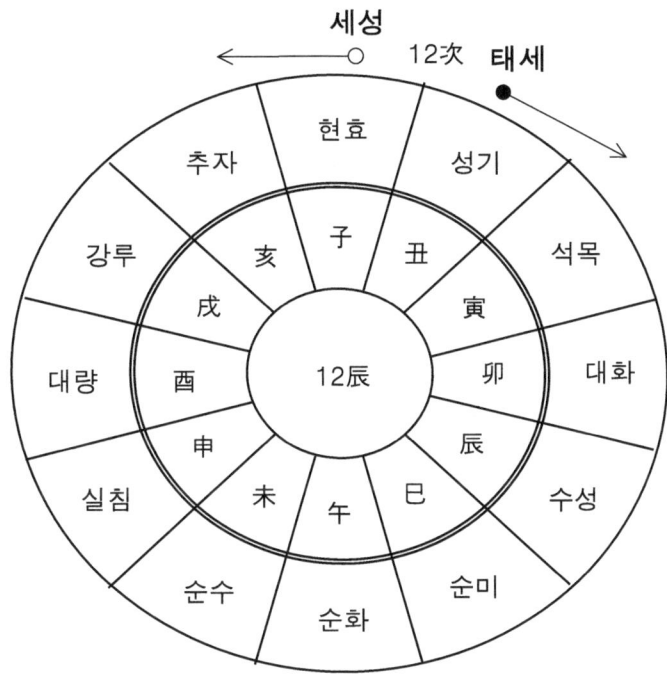

<세성과 태세의 대응관계>
부찰지리도(俯察地理圖)

母相得曰專, 母勝子曰制, 子勝母曰困."
8) 고대 중국에서는 목성이 12년마다 1주천(周天)하다고 여겨 천구(天球)의 적도를 12등분하여 매년 목성의 위치를 표시해서 기년(紀年)하는데 사용했다. 이를 12차(次)라고 한다. 처음에는 천구의 적도를 따라 12등분했으나 당나라 때에 이르러 태양이 1년 동안 천구를 지나는 궤도로서 황도(黃道) 상에 있는 12개의 별자리인 황도12궁 관념이 서역으로부터 도입되면서는 황도를 따라 12등분하였다. 이에 따라 목성의 공전 주기인 12년에 맞춰 12방위와 12차의 명칭으로 쓰이던 12지가 황도 상의 주요 12개 별자리를 의미하는 황도12궁과 결합하게 되었다.

계방향)로 향하는 것과 상반되어 역년(曆年)을 표기하는데 불편하였다. 그래서 **세성과 대응하여 동→서로 운행하는 가상적인 태세(太歲)를** 설정하여 12지궁과 방향을 일치시켰다. 이것이 태세기년법이다.

그러나 서한(西漢, B.C.206~A.D.8) 말 유흠(劉歆, ?~23)에 의해 목성의 실제 공전주기가 11.86년으로 밝혀지면서 목성이 매년 황도상을 1차씩 운행하여 12년에 하늘을 한 바퀴 돈다는 세성기년법과 태세기년법은 수정이 불가피하게 되었다.9) 이에 따라 유흠은 초진법(超辰法)을 주장하였으며, 동한(東漢, 25~220)초 54년에 비로소 이러한 오차를 수정하였다. 이로 인해 그동안 햇수를 표기했던 태세기년법은 목성의 실제운행과 결별하였으며, 이때부터 목성의 운행과는 상관없이 육십갑자의 순서대로 햇수를 표기하기 시작하였다.10) 이것이 바로 사주팔자를 구성하는데 필수적인 간지기년법이다.

그러나 간지기년법이 일반화된 것은 85년에 그동안의 태초력(太初曆)이 폐지되고 사분력(四分曆)이 개정 시행되면서부터이다.11) 이때부터 사주를 비롯한 술수는 비로소 역법(曆法)과 연결고리를 가지게 되었다. 간지기년(干支紀年) 이후 간지기월(干支紀月)이 가능해졌고,12) 간지기일(干支紀日)은 갑골문에서도 보듯이 적어도 은나라(B.C.1751~1050) 때부터 사용되었던 것으로 이에 따라 간지기시(干支紀時)도 자연스레 가능해졌다.13) 음양오행과 육십갑자가 결합하고 간지력이 일반화되고, 동한(東漢, 22~220)말 환제(147~167)때 인도로부터 불교와 함께 서역의 성수(星宿)신앙이 본격적으로 전래되어 도교의 점성 관념과 밀접하게 전개되기 시작하면서 3세기경 사주명리는 술수 무대에 나설 채비를 갖추게 되었다.

하늘의 행성과 별이 인간의 삶을 주관하고 인간사에 직접 영향을 준다는 믿음은 선사시대 이래 고대인들에게는 매우 자연스런 현상이었다. 점성술은 수메르·바빌론·칼데아를 포함하는 메소포타미아 문명에서 B.C.3천 년경 시작

---

9) 86년마다 1차의 오차가 생기므로 이를 수정해야만 한다.
10) 陳遵嬀, 『中國天文學史』 제5권(臺北: 明文書局, 1998), 29~31쪽 참고. 사주명리학의 아킬레스건이 될 수도 있다.
11) 위의 책, 31쪽 註1, 126쪽.
12) 甲己年에 丙寅頭月(갑년이나 기년은 정월이 丙寅), 乙庚年에 戊寅頭月(을년이나 경년에는 정월이 戊寅), 丙辛年에 庚寅頭月, 丁壬年에 壬寅頭月, 戊癸年에 甲寅頭月한다.
13) 甲己日에 甲子頭時(갑일이나 기일에는 갑자시부터 시작), 乙庚日에 丙子頭時(을일이나 경일에는 丙子時부터 시작), 丙辛日에 戊子頭時, 丁壬日에 庚子頭時, 戊癸日에 壬子頭時한다.

되어 이집트와 인도, 실크로드를 통해 중국에 전파되었고 그리스 문명권에서도 꽃을 피웠다.14) 이슬람국가인 튀르키예(Türkiye)의 국기 문양에 초승달과 샛별(금성)이 사용되는 것도 서역에서 발달했던 천문학과 성수신앙의 단면을 잘 보여주는 징표이다.

<초승달과 샛별>

고대 중국에서도 점성신앙은 지대한 관심사였다. 후한의 사상가 왕충(王充, 27~100?)은 사람은 각각 자기의 별을 하나씩 갖고 태어나는데 그 별의 존비대소(尊卑大小)의 등급 차이에 의해 그 사람의 빈부귀천도 결정된다고 보았다.

> "뭇별들의 추이에 따라 사람의 성쇠가 있게 된다. (…) 부귀에 이르는 명을 품부 받는 것은 품부 받은 성(性)의 기처럼 뭇별들의 정기를 얻어서 된다. 뭇별들은 하늘에 있고 하늘에는 성상이 있어서 부귀한 상을 얻으면 부귀하게 되고, 빈천한 상을 얻으면 빈천하게 된다. (…) 이 모두는 별자리의 높고 낮음, 크고 작음에 따라 부여된 것이다."15)

이처럼 고대 중국에서 점성신앙은 천인합일(天人合一)·천인감응(天人感應)이란 사유 체계 속에서 중요한 세계관으로 작용하였다. 그러나 중국에서 점성술이 크게 발전하고 체계화된 것은 위진남북조시대(220~588)를 거쳐 수·당시대(581~907)에 이르러서이다. 이 시기 불교경전을 통해 함께 유입되는 인도의 천문사상은 중국에 지대한 영향을 끼쳤다. 이전까지는 대개 우주론적 차원 또는 포괄적인 맥락의 점성신앙이었다면 위진시대 이래 불교와 도교의 점성신앙에서는 보다 직접적으로 인간 개개인에 대한 점복이나 운명학으로 확장되었다.

점성술이 인간의 운명을 다루는 술법으로 운용되기 위해서는 직성(直星)과 본명성(本命星) 관념의 성립이 중요하다. 직성 관념은 매해 또는 매달, 매일을

---

14) 이현덕, 『하늘의 별자리 사람의 운명』(동학사, 2003), 22~29쪽 참고.
15) 『論衡』<命義>, "衆星推移, 人有盛衰. (…) 至於富貴所稟, 猶性所稟之氣, 得衆星之精. 衆星在天, 天有其象, 得富貴象則富貴, 得貧賤象則貧賤, (…) 皆星位尊卑小大之所授也."

담당하는 별자리가 각각 다르게 설정된다는 믿음이며, 본명성 관념은 직성에 기초하여 사람마다 그가 태어난 해 또는 날에 따라 그 자신의 운명을 담당하는 별이 있다는 믿음이다. 생년월일 각각의 직성을 무엇으로 설정하느냐에 따라 다양한 점성신앙이 나타난다. 특히 당대(唐代, 618~907)에는 북두칠성, 28수, 황도12궁(黃道十二宮), 십일요(十一曜)인 칠정사여(七政四餘)16) 등 여러 가지 직성과 본명성 관념이 등장했다.17)

예를 들면 북두칠성은 일월오성(日月五星)의 정령(精靈)으로 여겨져 칠요(七曜)관념과 결합되면서 북두칠성은 사람이 태어난 해의 본명성을 주관한다고 간주되었다. 이에 따라 생년인 십이지(十二支)의 띠를 북두칠성의 일곱별 각각에 배당하여 본명성으로 삼았다. 탐랑성(貪狼星)은 子년생(쥐띠), 거문성(巨文星)은 丑·亥년생(소·돼지띠), 녹존성(祿存星)은 寅·戌년생(호랑이·개띠), 문곡성(文曲星)은 卯·酉년생(토끼·닭띠), 염정성(廉貞星)은 辰·申년생

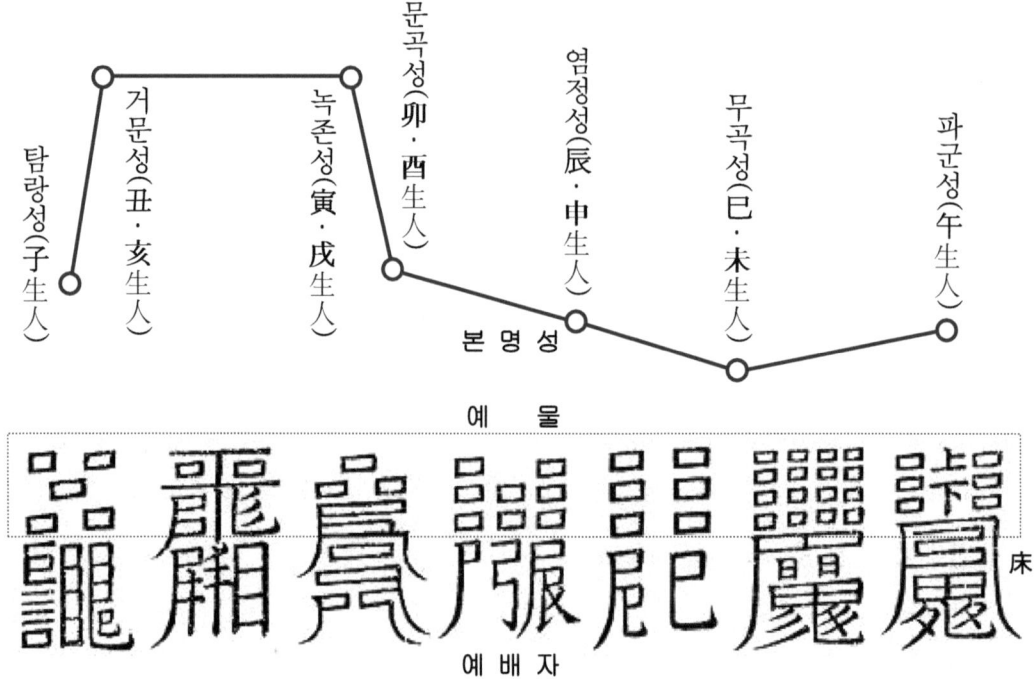

<북두칠성의 본명성과 북두칠성부(符)의 구성>

---

16) 칠정(七政)은 日月과 五星(水火木金土)을 말하고, 사여(四餘)는 인도 천문사상에서 새로 유입된 나후(羅睺)·계도(計都)·월패(月孛)·자기(紫氣)를 가리킨다.
17) 김일권, 「도불의 점성사상과 점복신앙」, 『한국민속학보』 10(한국민속학회, 1999), 34~35쪽 참고.

(용·원숭이띠), 무곡성(武曲星)은 巳·未년생(뱀·양띠), 파군성(破軍星)은 午년생(말띠) 사람의 길흉화복과 운명을 담당하는 본명성이다.

또한 당사주(唐四柱)는 사람이 태어난 해의 지지인 띠를 기점으로 해서 생년월일시를 12개의 별에 각각 배치하여 사람 운명의 길흉화복을 해석하는 사주술법으로 직성과 본명성 관념을 근간으로 하고 있다. 예를 들면 천귀성(天貴星)은 쥐띠(子)생의 본명성으로서 자비·부귀를 가져오고, 천액성(天厄星)은 소띠(丑)생의 본명성으로서 질병·재액을 가져오고, 천권성(天權星)은 호랑이띠(寅)생의 본명성으로서 권세·위풍을 가져온다고 본다. 또한 당사주의 12성과 점성술의 황도12궁은 그 의미는 각기 다르지만 12지의 띠와 천문방위에 따라 배열된 공통점도 갖고 있다.

<12지와 12성·황도12궁의 관계>

12성	天貴	天厄	天權	天破	天奸	天文	天福	天驛	天孤	天刃	天藝	天壽
띠	쥐	소	호랑이	토끼	용	뱀	말	양	원숭이	닭	개	돼지
12지	子	丑	寅	卯	辰	巳	午	未	申	酉	戌	亥
12궁	보병	마갈	인마	천헐	천칭	쌍녀	사자	거해	쌍자	금우	백양	쌍어
별자리	물병	염소	궁수	전갈	천칭	처녀	사자	게	쌍둥이	황소	양	물고기

이런 여러 가지 사항으로 미뤄볼 때 불교의 전파와 함께 당대에 이르러 인도를 비롯한 서역의 천문사상이 중국으로 대거 유입되면서 성수(星宿)와 사람 운명간의 영향을 직접 연결하는 핵심요소인 직성과 본명성 관념이 절정에 달하고 다양한 점성술법이 등장하였는데 당사주의 토대가 되는 ≪간명일장금(看命一掌金)≫도 이 시기에 창안되었을 가능성이 매우 높다.

일간(日干) 기준인 지금의 사주와 달리 뿌리[根]인 연주(年柱)를 기준으로 쓰는 당사주는 그 당시 시대적 상황도 반영하고 있다. 전제군주제(專制君主制) 시대에 백성 개개인의 삶의 희비는 개인 의지와 노력보다는 군주와 통치제도의 순패(順悖)에 직접적으로 영향을 받았다. 그리고 조상과 가문의 내력이라는 혈통적 조건에 따라 이미 현실 속 개인의 신분·지위·계층이 결정되는 숙명적 상황도 조상궁(祖上宮)인 연주를 기준으로 개인 운명을 해석하는 기틀을 정립하는데 큰 영향을 미쳤다.

동한(東漢)의 사상가 왕충(王充, 27~100?)은 사람 운명의 오묘함에 대해 탐구해서 후대에 많은 영향을 미쳤다. 그는 "사람이 행운을 만나거나 거듭해서 해를 당하는 것은 모두 명 때문이다. 생사수요(生死壽夭)의 명이 있는가 하면 빈부귀천의 명도 있으며"[18] "사람이 명을 받음에 부모가 생명을 불어넣어줄 때 이미 그 길흉이 결정된다"[19]고 하여 품기설(稟氣說)과 정명론(定命論)을 구체적으로 펼쳤다. 개인의 운명은 처음 태어날 때 그 한 순간의 품기(稟氣)에 의해 결정된다는 왕충의 대담한 가설은 사주명리학과 운명론에 깊은 암시를 주었고 논리적 근거를 제공하였다.[20]

'사주(四柱)'라는 단어가 최초로 등장하는 시점과 사주명리학의 창시자가 누구인가에 대하여 여러 설이 있다. 서자평 기원설(10C중), 이허중 기원설(9C초), 원천강 기원설(7C초), 곽박(4C초) 기원설 등이 그것이다. 동진(東晉, 317~420)의 곽박(郭璞, 276~324)이 저술하고 오대(五代, 907~960) 말에 서자평(徐子平)이 주석한 『옥조신응진경(玉照神應眞經)』에 '四柱'라는 단어가 처음 등장하는 점과 앞서 살펴본 시대상황 등을 고려할 때 일단 현재로서는 4C초까지 사주명리학의 기원이 소급되어야 할 것으로 생각한다.

---

[18] 『論衡』 <命祿>, "凡人遇偶及遭累害 皆由命也. 有死生壽夭之命 亦有貴賤貧富之命."
[19] 『論衡』 <命義>, "凡人受命 在父母施氣之時 已得吉凶矣."
[20] 이상선, 「인간의 운명에 대한 철학적 이해」, 『동서철학연구』 41(한국동서철학회, 2006), 123쪽.

오행의 유래

　오행(五行)이란 만물의 기본요소인 목(木)·화(火)·토(土)·금(金)·수(水)의 다섯(五) 가지 기운이 운행(行)함을 말한다. 본래 오행은 나무·불·흙·돌·물 등 자연계에 존재하는 다섯 가지 기본 물질·질료인 오재(五材)를 일컫는 말이었다. 인간이 생존하고 생활하는데 반드시 있어야 하는 다섯 가지 재료를 의미하는 말이었다.

　이때까지는 오행의 순서가 일정하지 않았다. 지금처럼 '목화토금수'가 아니었다는 말이다. '화금토수목'도 되고, '수화목금토'도 되는 식이었던 것이다. 물이 제일 먼저 필요한 사람은 물을 제일 먼저 불렀고, 불이 가장 먼저 필요한 사람은 불을 가장 앞에 두었고, 나무가 우선 필요한 사람은 나무부터 부르는 식이었다.

　그런데 기원전 4세기경 동아시아에서 사람들의 사유가 순진하고 소박했던 데서 점차 나아가 추상화·고차원화되면서 다섯 가지 물질인 오재에 춘하추동 사계절을 대입해서 인식하기 시작하였다. 계절이 끊임없이 변화하고 순환하여 또다시 새로운 한 해가 시작된다는 것을 사람들은 알게 되었던 것이다.

　그래서 나무는 봄에 생명이 태어나는 것에 대입하고, 불은 여름의 뜨거운 열기에 대입하고, 돌은 가을에 열매가 단단하게 맺는 것에 대입하고, 물은 겨울의 차가운 기운 속에 생명이 갈무리되는 것에 대입하였다.

　봄과 여름은 생명이 태어나고 성장하는 시기이므로 태양과 낮, 밝음을 의미하는 양(陽)에 배속하고, 가을과 겨울은 생명을 거두어서 저장하는 시기이므로 달과 밤, 어둠을 의미하는 음(陰)에 배속하는 것도 지극히 자연스러운 일이었다.

　오재 가운데서 흙만 유일하게 나머지 나무·불·돌·물들을 모두 품을 수 있는 물질이다. 나무·불·돌·물들은 각기 혼자서만 존재하지 다른 물질을 포용할 수가 없다. 예를 들면 나무는 불이나 돌, 물, 흙을 모두 감싸 안을 수기 없고, 불이나 돌, 물도 마찬가지인데 흙은 유일하게 나무도 심을 수가 있고, 아궁이가 되어 불도 품을 수 있고, 제방이 되어 물도 유용하게 할 수가 있고, 돌도 흙에서 태어난다.

그래서 흙을 의미하는 토는 사계절에 모두 작용하고 음양을 아울러 가지는 걸로 인식하였다. 이렇게 인간 생활에 꼭 필요한 다섯 가지 질료인 오재가 사계절과 결합되면서 비로소 다섯 가지 요소가 운행한다는 의미의 오행으로 바뀌었다.

이때부터 오행의 순서도 지금처럼 상생 순서에 따라 봄(목)-여름(화)-환절기(토)-가을(금)-겨울(수)의 '목화토금수'로 확정되어 지금까지 이르고 있다.

이에 관한 내용은 전국시대 문헌인 『관자(管子)』에 최초로 등장한다. 이렇게 『관자』에서 정립된 사계절과 오행 사상은 후대 『여씨춘추』・『황제내경』・『춘추번로』 등에서 지속적으로 발전한다.

그리하여 생장화수장(生長化收藏)의 이치에 따라 봄이 천시(天時)가 드러나는 계절의 맨 앞에 놓이게 되었고, 입춘이 속해 있는 인월(寅月)을 한 해의 기점인 세수(歲首)로 삼게 되었던 것이다.[21] 이는 현재 사주명리학에서 입춘(양력 2월 4일경)을 한 해의 시작으로 삼게 된 배경이다.

더 나아가 오행은 방위와도 결합되었다. 해가 뜨는 동쪽을 목, 그래서 東(동녘 동)자가 나무 사이에 해가 떠오르는 모습을 상형한 것이다. 해가 지는 서쪽을 금, 해가 뜨거운 남쪽을 화, 날씨가 차가운 북쪽을 수, 한가운데는 다른 오행을 두루 아우르는 토를 두었다.

그 결과 오행은 단순하게 '나무・불・흙・돌・물'의 물질만을 의미하는 것이 아니라 춘하추동 각 계절과 동서남북 중앙의 각 방위도 함축하는 의미가 되었으며, 천간과 지지 등과도 결합되면서 현재 사주명리학을 비롯하여 풍수지리・한의학 등 동양 술수학과 동양 문화의 근간을 이루며 활용되고 있다.

오행에는 '출생(生)—성장(長)—조화(化)—수확(收)—저장(藏)'한다는 생명의 순환적 의미도 담겨 있다. 봄은 목(木)이 운행하는 때로서 출생하고[生], 여름은 화(火)가 운행하는 때로서 성장하며[長], 가을은 금(金)이 운행하는 때로서 수확하고[收], 겨울은 수(水)가 운행하는 때로서 저장된다[藏].

봄・여름은 상승하는 양기가 주동하며 가을・겨울은 하강하는 음기가 주동한다. 그런 가운데 음과 양을 조절・중개하는 과정으로서 토(土)가 운행하는 조화가 있다[化]. 이런 생장화수장의 운행과정을 거치면서 오행은 생명력이 순환되는 의미를 갖는다.

---

21) 김만태, 「간지기년(干支紀年)의 형성과정과 세수(歲首)・역원(曆元) 문제」, 『정신문화연구』 제38권 제3호, 한국학중앙연구원, 2015, 69쪽.

2. 고법(古法)명리와 신법(新法)명리

사주명리학은 그 간명방법과 이론체계에 따라 10세기 중반(오대 말~북송 초) 서자평(徐子平)을 기점으로 해서 고법(古法)명리와 자평(子平)명리로 구분된다. 고법명리는 삼명학(三命學)이라고도 하는데, 생년(生年)의 천간[祿], 생년의 지지[命], 연주(年柱)의 납음오행[身]을 삼명(三命)이라 한다.22) 고법명리에서는 身을 위주하여 신살(神殺)을 취하고 태원(胎元)과 월주, 일주, 시주의 순서대로 身을 대입시켜 왕쇠강약(旺衰强弱)을 정해 간명(看命)하였다. 고법명리는 사주와 더불어 입태월(入胎月), 즉 태원도 함께 고려했으므로 엄격히 말하면 고법명리에서는 사주가 아니라 오주(五柱)를 가지고 간명했다고 말할 수 있다.

고법명리학의 성립에 영향을 끼친 인물로는 삼국시대(220~280)의 관로(管輅), 동진(東晉)의 곽박(郭璞), 북제(北齊, 550~577)의 위정(魏定), 당대의 원천강(袁天綱)·여재(呂才)·일행(一行)·이필(李泌)·상도무(桑道茂)·이허중(李虛中) 등이 있는데, 그 중에서도 이허중이 가장 유명하다. 이허중은 「귀곡자유문(鬼谷子遺文)」에 주석을 달아 『이허중명서(李虛中命書)』를 지었다고 알려져 있다.23) 그의 행적은 한유(韓愈, 768~824)가 쓴 묘지명(墓誌銘)에서 확인할 수 있다.

> "전중시어사(殿中侍御史)24) 이허중은 (…) 배우기를 좋아하여 정통하지 않은 바가 없었다. 오행서(五行書)에 매우 능통하여, 사람이 태어난 생년월일에서의 일진(日辰)과 간지(干支)를 가지고, 서로 낳고 이기고, 쇠하고 죽고, 상(相)과 왕(旺)의 상태를 적절히 김인해서 사람

---

22) 대표적 고법명리서인 『李虛中命書』(권中)는 "元命勝負三元者, 干祿、支命、納音身, 各分衰旺之地(원명이 三元으로써 판가름된다는 것은 [생년] 천간의 祿, 지지의 命, 간지 납음의 身이 각기 그 쇠왕의 자리를 어떻게 차지하는가를 말함이다)."라고 하였다.
23) 전국시대 鬼谷子가 남긴 9편의 글을 唐代 李虛中이 주해한 것이라고 전해지나 실제로는 宋代 익명의 星學者가 이허중의 명성에 자신의 학설을 가탁했을 가능성이 매우 높다. 『欽定四庫全書』 子部 術數類, 『李虛中命書』 <提要>.
24) 당나라 때 종7품下의 관직으로서 조정(朝廷)의 의식(儀式)을 규찰하는 일을 주로 관장했으며, 아울러 창고의 물품 출납과 궁문내사(宮門內事), 경기 지역 규찰에 관한 사항도 겸하였다.

목숨의 길고 짧음, 귀천, 운의 이로움과 불리함을 추리하였다. 이는 바로 생년(生年)과 생시(生時)로부터 시작하는데 백에 한둘도 틀리지 않았다. 그의 설명은 넓고 심오한 의미를 가지고 있었으며, 관건이 되는 바를 열어 해설하고, 수많은 단서들을 통해서 얽혀 있는 것들을 거듭 풀어낸 것이었다. 배우려는 이에게 자신의 법을 전해 주었는데, 처음에는 이를 받아들이는 듯했지만 끝내는 놓치고 말았다. 점성술(占星術)의 담당관과 역법(曆法)의 원로들조차도 그와 장단점을 비교할 수 없었다."25)

10세기 중반에 오면 서자평은 고법명리의 체계를 세운 이허중의 술(術)을 첨삭한 후, 납음(納音)과 신살(神殺), 연본(年本)위주의 간명방식(看命方式) 대신 오행의 생극제화(生剋制化)를 추리하여 일간(日干)을 중심으로 명(命)을 추론하는 방식을 채택함으로써 자평명리학의 시대를 열었다.26)

서자평의 이름은 거역(居易)이고, 자평(子平)은 자(字)이다. 동해(東海) 사람이고 또 다른 호칭은 사척선생(沙滌先生)이며 봉래노인[蓬萊叟]이라고도 했다. 태화산(太華山) 서쪽 당봉동(棠峰洞)에 은거했다. 자평법(子平法)은 사람의 출생 연월일시로써 그 녹명(祿命)을 추리하는 데 적중하지 않음이 없었다고 한다.27) 서자평은 곽박의 저술로 알려진 『옥조신응진경』에 주석을 달았으며, 『낙록자부(珞珠子賦)』에도 자신의 주석을 달아 『낙록자삼명소식부주(珞珠子三命消息賦注)』를 지었는데 자평명리학의 입장에서 고법명리학을 새롭게 해석한 것으로 자신의 저술 『명통부(明通賦)』와 함께 자평명리학의 이론적 토대를 형성하였다.

남송(南宋, 1127~1279)의 서대승(徐大升)은 서자평의 학문을 계승한다는

---

25) 『欽定四庫全書』 集部 別集類, 『五百家注昌黎文集』 권28, "唐故殿中侍御史李君墓誌銘: 殿中侍御史李君名虛中, (…) 喜學無所不通. 最深於五行書. 以人之始生年月日所直日辰支干, 相生勝·衰死·相王斟酌, 推人壽夭·貴賤·利不利, 輒先起其年時, 百不失一二. 其說汪洋奧義, 關節開解, 萬端千緖, 參錯重出. 學者就傳其法, 初若可取, 卒然失之. 星官曆翁, 莫能與之校得失."
26) 萬民英, 『三命通會』(臺北: 武陵出版有限公司, 1996), 483쪽, <子平說辯>; 袁樹珊, 『命理探原』(臺北: 武陵出版有限公司, 1996), 270쪽, <子平源流考>, "五代時有麻衣道者, 希夷先生, 及子平輩, 子平得虛中之術而損益之, 專主五行, 不主納音, 至是則其法又一變也."
27) 『三命通會』 권7, <子平說辯>, "考濯纓筆記 子平姓徐 名居易 子平其字也. 東海人 別號沙滌先生 又稱蓬萊叟 隱於太華西棠峰洞. 子平之法 以人所生年月日時 推其祿命 無有不中."

취지로 『연해자평(淵海子平)』을 지어 당시에 여러 가지로 나눠져 있던 사주 이론을 집대성하였으며, 서자평의 일간(日干)을 중심으로 한 이론체계를 완성하였다고 한다.

그러나 『연해자평』의 상당부분이 실제는 서대승의 저술이 아니다. 정확하게 말하면 『연해자평』은 남송 말 1253년에 서대승이 저술한 『자평삼명통변연원(子平三命通變淵源)』에 후대 학자들의 문집(文集)과 당시의 구결(口訣)을 더하여 1634년 명(明)의 당금지(唐錦池)가 편찬한 것이다. 따라서 『연해자평』은 서대승이 주요 저자이긴 하지만 서대승을 위시해 여러 학자의 공동 저술로 보는 것이 더욱 정확하다.28)

서대승의 생존시대와 행적에 대해서도 논란이 많은데, 『자평삼명통변연원』 서문의 "寶祐十月望日東齋徐大升序"라는 구절을 볼 때, '보우(寶祐)'는 남송(1127~1279)의 이종(理宗) 때 1253~1258년간 사용된 연호이므로 서대승은 남송 말기의 인물이며, 또한 전당(錢塘)을 字 앞에 붙인 걸로 볼 때 남송의 수도인 전당에서 주로 활동했음도 알 수 있다.

원대(元代, 1279~1368)에 와서 서자평과 서대승의 명리학을 다시 추론하고 연역한 후, 명대(明代, 1368~1644)에 이르러 유백온(劉伯溫)이 『적천수(滴天髓)』를 저술29)하여 자평명리학의 형이상학적 입지를 심화시켰다.

『적천수』의 특징은 납음오행이나 신살의 사용을 배격하고, 음양오행론에 근거한 월령(月令)과 생시(生時), 체용(體用)상의 왕쇠(旺衰)와 중화론(中和論) 및 격국론(格局論) 등 명리학의 주요 이론체계 전반을 깊이가 있고 치밀

---

28) 『淵海子平評註』序, "송나라의 서(대)승에 이르러 다시 사람의 생일을 위주로 하여 육사(육친)를 구분하니 의론이 정밀하고 은미하였다. '연해(淵海)'의 책을 짓고 여러 학자들의 뜻을 모아 널리 퍼뜨려서 지금에 이르렀는데 모두 이를 근본으로 삼았다. 후세의 여러 학자의 문집인 '연원(淵源)'과 그 이치와 뜻과 편장이 비슷한데 지금까지 수백 년이 흘렀다. 이제 당금지가 이 이론에 정통한 사람에게 예로서 청하여 두 책을 합치고 '구결(口訣)'을 더하고 잘못을 바로 잡았다(至於有宋徐公升, 復以人生日主, 分作六事, 議論精微. 作淵海之書, 集諸儒之義, 傳布至今, 悉皆宗之. 後之諸君, 文集淵源, 理義篇章雷同, 迄今數百年矣. (…) 今唐君錦池, 禮請精通此理者, 以二書併之, 增之口訣, 正其訛僞)."

29) 유백온의 연보에는 『적천수』를 유백온이 지은 것으로 기록되어 있으나, 原書에는 京圖가 撰한 것을 유백온이 주석을 하였다고 기록되어 있어 『적천수』의 저자를 袁樹珊은 京圖라 하고 徐樂吾는 劉基라고 주장한다. 참고로 『明史』 「藝文志」, 『浙江通志』 「經籍」, 『千頃堂書目』 등에 유백온이 찬한 것으로 『三命奇談滴天髓』 1권이 기록되어 있으나 원문이 없어 지금의 『적천수』와 같은 것인지 알 수 없다.

하게 다루면서도 매우 간략하게 설명하고 있다. 이후 명리학계의 보기 드문 으뜸이라 격찬을 받으며 청대 이후 현대 명리학의 근간이 되는 대표적 명리서 중의 하나가 되었다.

만민영(萬民英)30)은 1578년에 사주명리학서 중 가장 방대한 『삼명통회(三命通會)』 12권을 편찬하였다.

장남(張楠)은 1589년으로부터 가까운 시기에 『명리정종(命理正宗)』을 저술하여 동정설(動靜說)31)·개두설(蓋頭說)32)·병약설(病弱說)33) 등의 독창적인 학설을 제시하는 한편 기존 명리학설의 오류를 분석적이고 비판적인 태도로 지적하였다.

당금지(唐錦池)는 1634년에 서대승의 저술에다가 후세 여러 학자의 문집인 『연원』과 「구결」을 덧붙여 『연해자평(淵海子平)』을 간행하였다.

청대(淸代, 1644~1911)에 이르러 자평명리학이 체계를 확립하고 만개하기 시작하였다. 진지린(陳之遴)은 1658년에 『적천수』를 주해한 『적천수집요(滴天髓輯要)』를 지었으며 『명리약언(命理約言)』이라는 명리이론의 요약서를 저술하였다.

심효첨(沈孝瞻)은 1776년에 명리학의 3대 보서(寶書) 중의 하나로 평가받는 『자평진전(子平眞詮)』을 저술하였다. 『자평진전』은 종래의 신살과 납음오행에

---

30) 萬民英, 『三命通會』 敍, 만민영의 자는 育吾, 大寧都司人, 1550년(가정 29년)에 진사 급제, 河南道御史와 福建布政司參議를 역임하였다. 그가 편찬한 『星學大成』이 『明史』 「藝文志」에 수록되어 있다.
31) 천간에 투출한 오행은 동(動)하는 오행이고, 지지와 지장간은 정(靜)하는 오행이다. 그래서 천간이 지지를 극할 수 없고, 지지가 천간을 극할 수 없다는 이론이다. 따라서 천간은 천간끼리만 생극(生剋)할 수 있고 지지는 지지끼리만 생극할 수 있다.
32) 개두(蓋頭)는 뚜껑과 머리로 천간(天干)을 말하는데 사람 몸에 비유하면 천간은 머리와 같고, 지지는 팔다리와 같으며, 지장간은 오장육부이다. 천간은 동(動)하는 자이고 지지는 정(靜)하는 자이므로 천간은 드러난 것이고 지지는 감춰진 것이다. 따라서 모든 길흉은 천간의 동태로 파악할 수 있다. 그러므로 천간이 지지보다 더 중요하다.
33) 무엇을 병이라 하는가? 팔자 중에 원래 있는 해가 되는 신이다. 무엇을 약이라 하는가? 팔자에 원래 해가 되는 글자가 있다면 그 글자를 제거하는 한 글자를 말한다. (…) 가령 사람의 사주팔자가 전부 토(土)로 되어있다면 수일간(水日干)은 살(殺)이 중하여 신경(身輕)하게 되고, 금일간(金日干)은 토(土)가 두터워서 매금(埋金)하게 되고, 화일간(火日干)은 화(火)가 어두워져 무광(無光)하게 되고, 목일간(木日干)은 재(財)가 많아서 신약(身弱)하게 되고, 토일간(土日干)은 비견(比肩)이 태중(太重)하게 되니, 이 모든 격에서 토가 병이 되므로 전부 목이 의약(醫藥)이 되어 그 병을 제거하는 것을 기뻐한다. 또한 식신·상관이 용신이면 인수가 병이므로 재성이 약으로 반갑다. 만약 본신(本身)에 병이 중한데 약이 적거나, 본신에 병이 가벼운데 약이 중한 경우에는 운에서 그 중화(中和)를 취하는 것이 마땅하다.

의한 간명방식을 철저히 배제하고 오직 간지법칙(干支法則)과 오행의 정리(正理), 그리고 격국(格局) 및 용신론(用神論)을 근간으로 사주(四柱)와 행운(行運)을 대비하며 간명하는 방식을 체계적이며 심도있게 제시하였다.

여춘태(余春台)는 『궁통보감(窮通寶鑑)』을 간행하였다. 이 책은 원명이 『난강망(欄江網)』인데 명대의 신원미상의 인물이 지은 책으로 수백 년간 많은 사람의 손을 거치면서 오자와 누락된 구절이 많이 생겨 그 뜻을 이해할 수가 없었는데, 청대에 와서 여춘태가 이를 보완해 다시 간행하면서 『궁통보감』이라는 새로운 이름을 붙였다.

임철초(任鐵樵)34)는 1840년대 후반 『적천수』에 자신의 새로운 주석을 보태어 『적천수천미(滴天髓闡微)』를 지었다. 그 동안 자신의 간명 경험을 바탕으로 말년인 1840년대 후반에 『적천수천미』를 저술한 것으로 추정된다. 이 책은 명리학의 요지를 상세히 밝히고 조목별로 명조(命造)를 갖추어 이론을 실증하고 풍부한 주해를 담고 있으면서도 내용의 전개가 군더더기가 없이 균형과 깊이가 있다.

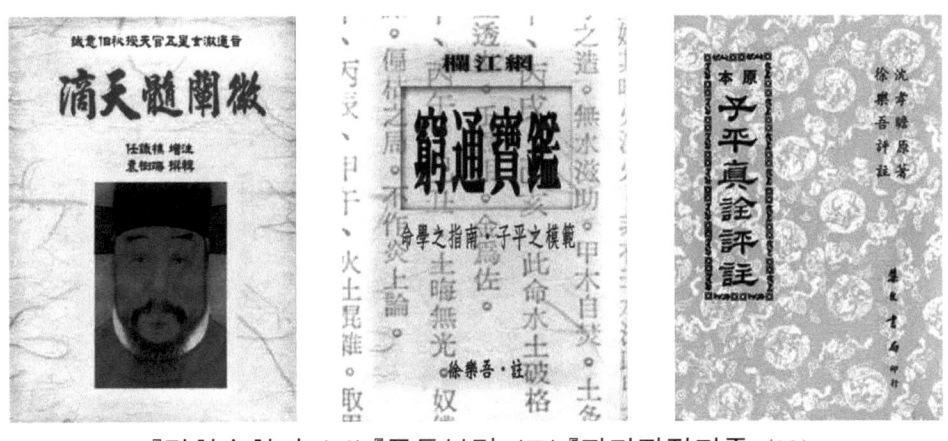

『저천수천미』(좌)·『궁통보감』(중)·『자평진전평주』(우)

청대 말, 중화민국(1911~) 초에 이르러 고서를 주해하거나 옛 이론을 소개하여 정리하는 식의 명리서가 다수 나오게 된다. 원수산(袁樹珊)은 고서의 중요이론이나 관점을 모은 『명리탐원(命理探原)』과 고금의 유명 인물들의 사주

---

34) 『滴天髓闡微』를 찬집한 원수산의 서문에 의하면 임철초는 1773년(건륭 38) 4월 18일 辰時生으로 命造는 「癸巳 戊午 丙午 壬辰」이다. 관록과 재산이 많은 가문에서 태어났으나 형제들이 불초하여 가정파탄이 있었으며, 부친이 돌아가신 후 호구지책으로 30살이 넘어서 命學을 공부하기 시작하여 75살이 넘은 만년까지도 推命을 업으로 하였다고 한다.

해석을 담은 『명보(命譜)』를 지었으며, 1933년에 임철초의 『적천수천미』를 찬집하였다.

서낙오(徐樂吾)는 『적천수보주(滴天髓補註)』・『적천수징의(滴天髓徵義)』・『조화원약평주(造化元鑰評註)』・『자평진전평주(子平眞詮評註)』・『궁통보감(窮通寶鑑)』 등의 주해서와 고법명리에 대한 연구를 담은 『자평수언(子平粹言)』 등을 저술하였다.

위천리(韋千里)는 『명학강의(命學講義)』・『팔자제요(八字提要)』・『고고집(呱呱集)』 등을 지었으며, 『명리약언』을 선집하였다.35) 그 외에도 많은 신진 명리학자들이 등장하였는데, 오준민(吳俊民), 종의명(鐘義明), 이철필(李鐵筆), 하건충(何建忠) 등이다.

일본의 경우는 아베 다이장(阿部泰山)이 가장 대표적이다. 아베 다이장은 중일전쟁 때 종군기자로 북경에 주재하면서 사주명리에 관한 중국의 고전문헌들을 방대하게 수집하였으며, 전쟁 후 이 자료들을 정리하고 분석하여 『아부태산 전집』(1963) 22권을 출간했다. 이후 아베 다이장이 한국 사주명리학계에 미친 영향은 매우 컸다.

고법명리의 원전 체계	신법(자평)명리의 원전 체계
『옥조정진경(玉照定眞經)』 『낙록자부주(珞碌子賦注)』 『이허중명서(李虛中命書)』 『원천강오성삼명지남 (袁天綱五星三命指南)』	『옥조신응진경(玉照神應眞經)』 『낙록자삼명소식부주(珞碌子三命消息賦注)』 『명통부(明通賦)』
	『자평삼명통변연원(子平三命通變淵源)』 『오행정기(五行精紀)』 『적천수(滴天髓)』 『명리정종(命理正宗)』 『삼명통회(三命通會)』 『연해자평(淵海子平)』 『명리약언(命理約言)』・『적천수집요(輯要)』 『자평진전(子平眞詮)』 『궁통보감(窮通寶鑑)』 『적천수천미(滴天髓闡微)』

---

35) 위천리의 『명학강의』는 한국의 박재완이 『명리요강(命理要綱)』, 『팔자제요』는 박재완이 번역 후 日支論을 첨가하여 『명리사전(命理辭典)』을 펴내는 데 토대가 되었다.

자평명리학에서 자평(子平)의 의미

신법명리학을 자평명리학이라고도 하는데 '子平'의 의미에 대해서는 크게 두 가지 설이 있다. 하나는 '子'에는 子水의 의미가 있고 '平'에는 저울(秤, 저울 칭)로 물건을 달 때 수평(水平)을 이뤄야 한다는 의미가 있어서 子平이라고 했다는 설이며, 또 하나는 徐居易의 字인 '子平'에서 취했다는 설이 그것이다.

명대의 만민영(萬民英)은 『삼명통회(三命通會)』 <자평설변(子平說辯)>에서 다음과 같이 말하면서 첫 번째 설을 우선적으로 제시하였다.

"요즘 命을 말하는 것을 항상 子平이라 하는데 그 뜻을 어떻게 취했는가? 하늘이 子方에서 열리고 또 子는 오직 水의 자리이며 地支의 맨 처음이며 五行의 근본이다. 天의 一에서 생겨나 北方에서 合하며, 평지를 만나면 그치고 구덩이를 만나면 흘러간다. 이것이 '子'를 사용하는 의미이다. 또 세상 사람들이 저울(秤)을 사용해서 물건을 저울질(稱)할 때 水平을 이뤄야 하므로 '平'이 기준이 되는데 조금이라도 가볍거나 무거우면 水平이 되지 않는다. 사람의 八字는 先天의 氣인데 저울에 비유하면, 年은 저울막대, 時는 저울추, 月은 중심점(提綱), 日은 세밀한 무게단위(銖兩: 저울눈 수)가 된다. 八字는 日이 主가 되는데, 만약 財官印食이 旺相하고 日干 또한 旺相한 地支 위에 있으면 저울 위에 올려져 있는 물건이 저울추와 상응하는 것과 같아서 그 命은 부귀하게 되며, 만약 財官印食은 旺相한데 日干이 休囚하다면 저울 위에 있는 물건이 무거워서 저울추와 상응하지 않는 것과 같아서 그 저울은 수평이 되지 않으므로 그 命은 빈천하게 된다. 만약 財官印食이 休囚한데 日干이 旺相하면 저울 위에 있는 물건이 가벼워서 저울추와 상응하지 않는 것과 같아서 그 저울은 수평이 되지 않으므로 그 命은 순조롭지 못하고 막힘이 많게 된다. 설령 財官印食이 無氣한데 日主마저 休囚하다면 빈천하지 않으며 요절하게 된다. 이것이 '平'을 사용하는 의미이다. … 이에 의해 '子平'이란 두 글자를 말하는 것이 진실로 이치에 맞다. 다만 子平은 徐居易의 字가 되므로 요즘 命을 말하는 것은 멀게는 그의 법에 근본을 두고 子平이라고 말하는 것이다."36)

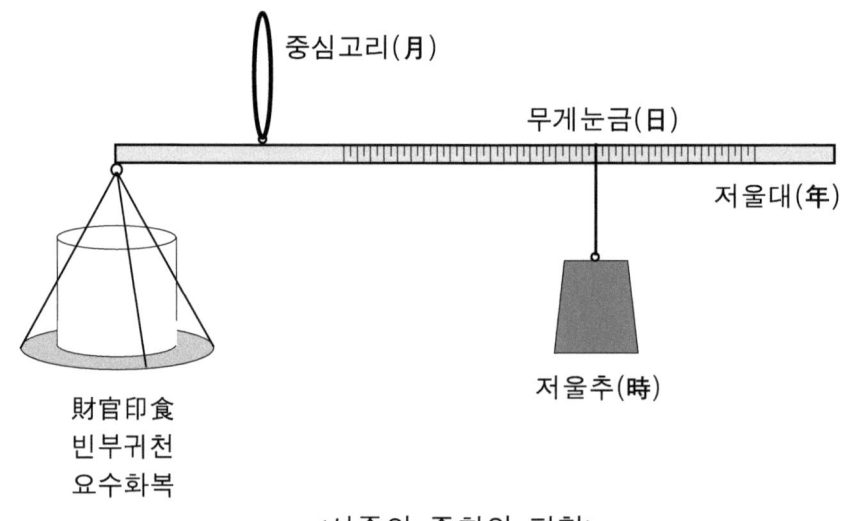

<사주의 중화와 평형>

청대의 진지린(陳之遴)은 『명리약언(命理約言)』에서 "속칭 子平이란 水에 속하여 추명을 子水의 平平함 같이 한다는 것은 잘못된 설이다. 後五代의 徐居易의 字가 子平으로,"37)라고 말하면서 첫 번째와 같은 주장은 잘못된 것이라고 지적하면서 徐居易의 字인 子平에서 자평명리학의 명칭인 자평이 유래했다고 하였다.

---

36) 萬民英, 『三命通會』(臺北: 武陵出版有限公司, 1996), 482~483쪽, <子平說辯>, "今之談命者, 動以子平爲命, 子平何所取義? 以天開於子, 子乃水之專位, 爲地支之首, 五行之元. 生於天一, 合於北方, 遇平則止, 遇坎則流, 此用子之意也. 又如人世用秤稱物, 以平爲準, 稍有輕重, 則不平焉. 人生八字, 爲先天之氣, 譬則秤也, 其年爲鈎, 時爲權, 月爲提綱, 日爲銖兩. 八字以日爲主, 中有財官印食旺相, 日干亦坐旺相之地, 如鈎縮物, 與權相應, 其命則富而貴. 如財官印食旺相, 日干乃値於休囚, 如以鈎縮重物, 與權自不相應, 其秤則不平, 其命賤而貧. 如財官印食休囚, 日干值於旺相, 亦若鈎縮輕物, 與權自不相應, 其秤自不平, 其命亦蹇滯. 設使三物無氣, 日主休囚, 非貧賤則夭亡, 此用平之意也. … 按此說子平二字, 誠爲有理. 但子平係徐居易之字, 今之談命者, 遠宗其法, 故稱子平."
37) 陳素庵 저, 韋千里 선집, 『精選命理約言』(香港: 上海印書館, 1987), 104쪽, <雜論二十四則>, "俗稱子平屬水, 推命如子水之平者, 此謬說也. 後五代徐居易字子平,"

3. 조선조의 명과학(命課學) 제도

　명과학(命課學)은 '관학(官學)'으로서의 명리학과 가장 밀접한 분야이다. 따라서 명과학의 운영은 명리학의 전개과정에서 매우 중요한 위치를 차지한다.
　조선의 기술관리 채용을 위한 잡과에는 역과(譯科)·의과(醫科)·음양과(陰陽科)·율과(律科)의 4과가 있었다. 이들 기술학은 당시 중인의 자제가 이를 세습적으로 배워 응시하는 것이 보통이었다. 그 중 음양과는 천문학·지리학·명과학을 공부한 사람을 대상으로 보이던 시험이었다.
　국초에는 음양과가 잡과의 차례에서 세 번째였으나 1785년(정조 9)에 편찬된 『대전통편(大典通編)』에서는 잡과의 수위(首位)가 역과에서 음양과로 바뀌었다.[38] 조선은 건국 후 신왕조에 맞는 새로운 인재를 양성하기 위해 관학 진흥정책을 폈는데, 관학을 통해 양성한 인재를 과거시험으로 뽑아 치세에 기여하였던 것이다.[39]
　조선조에서 음양학의 교육과 음양과의 시취(試取)는 관상감(觀象監)에서 주관하였다. 관상감의 전신으로 고려 초에는 태복감(太卜監)과 태사국(太史局)으로 나눠져 있었으나 고려 말에 이르러 서운관(書雲觀)으로 통합되었다. 서운관은 조선 태조 1년(1392)에 다시 설치되었으나 세조 12년(1467)에 관상감으로 개칭되었다.
　『경국대전(經國大典)』에 실린 관상감의 소관업무에 관한 규정을 살펴보면 고려시대 서운관의 소관업무인 천문(天文)·역수(曆數)·측후(測候)·각루(刻漏)에 지리(地理)·점산(占算)이 관상감의 소관업무로 추가되었음을 알 수가 있다. 이 중에서 점산이 명과학의 주된 소임이었다.
　조선 최초의 법전으로 1397년(태조 6) 12월에 편찬된 『경제육전(經濟六典)』에는 서운관에서 천문(天文)·점산(占算)으로 시험하여 인재를 뽑는 법이 기재되어 있었으며[40] 천문(天文)·지리(地理)·성명(星命)·복과(卜課)를 총칭하여 음양학(陰陽學)이라 하였다. 그러나 1438년(세종 20)부터 지리에 관한

---

[38] 『大典通編』, 「禮典」諸科 "[영조 49년(1773)에 下敎를 받들어] 음양과를 역과·의과의 앞에 두었다(雜科次第 今以陰陽科爲首)."
[39] 이기백, 『한국사신론』(일조각, 2004), 99쪽 참고.
[40] 『世宗實錄』 권35, 세종 9년 3월 辛卯 "書雲觀天文占算試取之法, 載諸元典."

학문은 풍수학(風水學)이라 칭하고, 역상(曆象)과 일월성신(日月星辰)에 관한 학문은 천문학(天文學)이라 칭하게 되자 성명·복과에 관한 학문만 음양학(陰陽學)이라 일컫게 되었다.41) 이후 1466년(세조 12)에 풍수학을 지리학으로 개칭하면서 음양학을 명과학(命課學)으로 이름을 바꾸었다.42) 이에 따라 음양과(陰陽科)는 천문학·지리학·명과학으로 삼분되어 이후 조선조 내내 설행되었다.

명과학을 비롯한 음양과는 과거(科擧)시험과 취재(取才)시험으로 구분되어 시행되었다. 과거시험은 처음으로 벼슬길로 나아가는 초입사(初入仕)와 더불어 기성관료의 승진시험의 성격이 강하였다. 그러나 취재시험은 오로지 초입사직(初入仕職)에 나아가기 위한 경로였다.43) 주부(종6품) 이상의 참상관으로 승급하기 위해서는 반드시 과거시험을 거쳐야 한다는 『경국대전』 「이전」의 규정이 이런 사실을 잘 반영한다.44)

명과학의 시험방법으로는 책을 읽고 글 뜻을 새기는 임문(臨文), 책을 보지 않고 글 뜻을 새기는 배강(背講), 책을 보지 않고 글을 외우는 배송(背誦)이 있었다. 따라서 임문보다는 배강이 어렵고, 배강보다는 배송이 어려웠다. 따라서 양이 많은 『경국대전』은 임문으로, 전문서(본업서)는 배강으로, 꼭 읽어야 할 기본서는 배송하게 하였다.

1466년(세조 12)에 편찬된 『경국대전』 「예전」의 제과(諸科) 항목에서 명과학의 과거 과목은 『원천강』은 배강하고 『서자평』·『응천가』·『범위수』·『극택통서』·『경국대전』은 임문하도록 규정되었다.45) 이후 명과학의 과거 과목의 변화 과정을 정리해보면 <표 1>과 같다.46)

명과학의 취재 과목은 1430년(세종 12)에 『주역점』·『육임점』·『성명서』·

---

41) 『世宗實錄』 권83, 세종 20년 10월 癸酉 "六典, 以天文地理星命卜課, 摠稱陰陽學. 今業地理者, 稱爲陰陽學, 掌曆象日月星辰者, 稱天文學. 陰陽天文, 歧而二之, 殊未合理, 自今業地理者, 依舊稱風水學."
42) 『世祖實錄』 권38, 세조 12년 1월 戊午 "風水學改稱地理學, 置敎授, 訓導各一. 天文學, 置敎授, 訓導各一. 陰陽學改稱命課學, 置訓導二."
43) 이성무, 『韓國의 科擧制度』(집문당, 2000), 197쪽 참고.
44) 『經國大典』, 「吏典」 京官職 正三品衙門 觀象監 "主簿以上並以出身者除授."
45) 『經國大典』, 「禮典」 諸科 陰陽科初試 "[講書] 命課學, 袁天綱 背講, 徐子平·應天歌·範圍數·剋擇通書·經國大典 臨文."
46) 김만태, 『한국 사주명리 연구』(민속원, 2011), 136쪽 참고.

<표 1> 명과학 과거(科擧) 과목의 변화

시험방법 규정시기	임문	배강	배송	비고
경국대전 (1466, 세조 12)	서자평·응천가·범위수 ·극택통서·경국대전	원천강		
속대전 (1746, 영조 22)	서자평·응천가·범위수 ·시용통서·속대전		원천강	극택통서→시용통서
대전회통 (1865, 고종 2)	협길통의·대전회통		원천강	서자평·응천가·범위수· 시용통서→협길통의

『대정삼천수』·『범위수』·『자미수』·『황극수』·『원천강』·『오행정기』·『전정역수』·『응천가』·『오총구』·『삼신통재』·『난강망』·『관매수』 등으로 규정되어 시행되었다.47) 그 후 『경국대전』「예전」의 취재 항목에서는 『원천강』은 배강하고, 『삼신통재』·『대정수』·『범위수』·『육임점』·『오행정기』·『극택통서』·『자미수』·『응천가』·『서자평』·『현여자평』·『난대묘선』·『성명총화』 등은 임문하는 것으로 규정하였다.48) 이렇게 『경국대전』에서부터 『서자평』은 명과학의 취재 과목으로도 포함되었다.

그러다가 1791년(정조 15) 정조는 신실(神室)의 개수 작업을 할 때 택일을 잘못한 것을 계기로 지금 명과학의 소임은 국가의 길일(吉日)을 가리는 것이라면서 과거 과목은 법전에 실려 있는 것이므로 갑자기 바꿀 수 없지만 취재 과목은 추명서(推命書)에서 택일서(擇日書)로 바꿀 것을 지시하였다. 이에 따라 기존에 시행되던 명과학 취재 과목이 교체되는데 이런 변화 과정들을 정리해보면 <표 2>와 같다.49)

전반적으로 명과학 시취 과목은 정조 이래 대폭 축소되었고 추명서에서 택일서 위주로 바뀌었다. 이는 조선 후기에 올수록 사주팔자를 통해 선전적인 운명의 길흉을 살피는 일보다는 향사(享祀)·연하(宴賀)·봉책(封冊) 등 국가대사와 관혼(冠婚)·상장(喪葬)·이사 등 백성대사에서 길흉을 가리는 택일(擇日)·

---

47) 『世宗實錄』 권47, 세종 12년 3월 戊午 "詳定所啓諸學取才經書諸藝數目: 陰陽學: (…) 星命卜課, 周易占·六壬占·星命書·大定三天數·範圍數·紫微數·皇極數·袁天綱·五行精紀·前定易數·應天歌·五摠龜·三辰通載·欄江網·觀梅數."
48) 『經國大典』, 禮典 取才 "命課學, 袁天綱, 背講, 三辰通載·大定數·範圍數·六壬·五行精記·剋擇通書·紫微數·應天歌·徐子平·玄輿子平·蘭臺妙選·星命摠話, 已上臨文."
49) 김만태, 『한국 사주명리 연구』(민속원, 2011), 138~139쪽 참고.

택방(擇方)을 통해 일용행사(日用行事)에서 피흉추길(避凶諏吉)하려는 인식이 보다 강화되었음을 의미한다.

<표 2> 명과학 취재(取才) 과목의 변화

과목(방법) / 규정시기	취재 과목(방법)
1430년(세종 12)	주역점·육임점·성명서·대정삼천수·범위수·자미수·황극수·원천강·오행정기·전정역수·응천가·오총구·삼신통재·난강망·관매수
경국대전 (1466, 세조 12)	원천강(배강)/삼신통재·대정수·범위수·육임점·오행정기·극택통서·자미수·응천가·서자평·현여자평·난대묘선·성명총화(임문)
1791년(정조 15)	협기변방·상길통서
1797년(정조 21)	협길통의·원천강
1867년(고종 4)	선택기요·원천강

4 현대 한국 사주명리학의 형성

전통적으로 사주를 비롯한 한국의 술수문화는 남부보다는 북부 지방이 더 발달하였다. 그 배경에는 이성계의 역성혁명에 참여하지 않은 사대부들이 탄압을 피해 변경인 평안·함경 지방으로 대부분 이주하였다는 점, 이로 인해 조선 시대에는 국초부터 평안·함경 지방에 대한 차별이 심했으며, 평안·함경 지방 출신들이 관직으로 진출하기가 쉽지 않았다는 점, 그러면서도 평안·함경 지방은 중국과 인접하여 중국의 술수문화를 쉽게 받아들일 수 있었다는 점 등이 크게 작용하였다.50)

이중환(李重煥, 1690~1756)도 『택리지』에서 "서울 사대부는 서북 지방 사람과 혼인을 하거나 벗으로 사귀지 않았고, 서북 사람 또한 감히 서울 사대부와 동등하게 여기지 못하였다. 그 곳에는 사대부도 없고 이름난 씨족도 없다. 이런 까닭에 서북 방면의 함경·평안 두 도는 살 만한 곳이 못 된다"51)고 말하였다. 수차례 과거 낙방 선비인 홍경래(洪景來, 1771~1812)가 1811년(순조 11) 평안도 정주 일대에서 『정감록』의 진인(眞人)을 표방하며 왕조체제에 정면 도전을 하여 민중봉기를 일으킨 사건도 조선조에서 차별받고 변경문화권에 머무른 서북 지방의 성격을 잘 나타낸다.

구한말 이후 근래까지 사주명리에 종사하며 나름대로 일가견을 이루었던 인물로는 함경도 출신의 전재학(全在鶴)과 그 제자 맹인 김선영(金善泳)이 있으며 이들로부터 많은 후학이 나왔다. 전재학은 온몸이 하얘서 전백인(全白人)이라고도 불렀는데, 1924년 6월 ≪개벽≫ 잡지에 "백인(白人)이라는 사주쟁이가 간판을 부친 지 얼마 되지 않아 수만 원의 졸부가 되었다 한다"라는 기사와 <그림>의 신문광고 문구에도 그 이름이 등장하는 걸로 봐서도 당시 전재학이 경성(京城) 일대에서 사주를 잘 보는 것으로 유명했음을 알 수 있다.52)

그리고 개성 일대의 신승만(申承萬)53), 서울의 채한구(蔡漢龜)·조낭자(趙

---

50) 김만태, 「명리학의 한국적 수용 및 전개과정에 관한 연구」(원광대학교 동양학대학원 석사학위논문, 2005), 189쪽 참고.
51) 이중환 지음, 이익성 옮김, 『택리지』(을유문화사, 2002), 50쪽 참고.
52) ≪개벽≫ 제48호, 1924년 6월 1일자, "경성의 미신굴"
53) 황해도 '구월산인(九月山人)'으로 유명했다. 류충엽, 『제왕격 四柱 굶어죽는 八字』(역문관 서우회, 2000), 52~55쪽.

娘子)·김동초(金東礎)·이명학(李明鶴)·전학봉(全學峯)·김봉수(金鳳秀)·이석영(李錫暎, 1920~1983), 대전의 박재완(朴在玩, 1903~1992), 부산의 이남원(李南園)·박재현(朴宰顯, 1935~2000) 등이 있었다. 이들은 박재완·박재현 등 일부를 제외하고는 모두 대정수법(大定數法)으로 사주풀이를 했다.

대정수는 선천수(先天數)와 후천수(後天數)를 생년월일시의 사주 간지와 대비하여 운명을 추리하는 수리(數理) 사주학을 말한다.54) 곧 사주팔자 간지 각각의 선천수와

<김동초의 신문광고>
(동아일보 1948.6.1)

후천수를 가지고 계산하여 상·하괘로 작괘(作卦)하고 동효(動爻)를 구한 후 육효점(六爻占)의 추수법(推數法)으로 1년 신수나 평생사주 등 운수를 예측하는 것이다.

한국에서는 1960년대 이후 사주이론서들이 본격적으로 출간되면서 사주명리도 본격적인 궤도에 오르기 시작했다. 그 배경에는 1963년 일본의 명리학자 아베 다이장(阿部泰山)이 자신의 전집 22권을 출간한 것이 커다란 영향을 미쳤는데, 이를 축약·번역하여 한국에서 신육천(申六泉)이 1965년『사주감정법비결집』55)을 출간하였다. 이에 앞서 백영관의『사주정설』(1963)56)이 나왔고, 그 후 이석영이 1969년부터『사주첩경』57) 6권을 출간하기 시작하였다. 이

---

54) 엄윤문,『대정작괘감명법』(동양서적, 2000), 341쪽.
55) 부산·경남·대구·경북 지역에서 많이 활용되었으며, '격국론(格局論)'을 위주로 하고, 박재현(일명 박도사)이 자신의 강의교재로 활용한 바 있다.
56)『사주정설(四柱精說)』: 경기고, 서울대 법대를 나와 1961년 고등고시 행정·사법 양과에 합격 후 19년간 검사로 근무했던 최영철(崔英哲, 1933년생) 씨가 백영관(白靈觀)이란 필명으로 1963년에 출간하였다. 사주명리 체계의 핵심원리만을 뽑아서 일목요연하게 정리했기 때문에 사주명리 입문자의 필독서로 여겨져 오랫동안 출판되고 있다.「사주의 기원과 그 변천」단원에서 '晉나라의 郭璞'을 '晉有郭'이란 인물로 표기하는(백영관,『사주정설』, 명문당, 2000, 21쪽) 등의 오류가 있는데, 국내 다른 사주명리서들에서도 그 오류가 고쳐지지 않은 채 그대로 재인용되고 있다. 그리고 사주를 통계적 방법에 의한 것으로 보는 인식도 (백영관,『사주정설』, 19쪽) 재고할 필요가 있다.
57) 서울·경기 지역에서 많이 활용되었으며, '억부론(抑扶論)'을 위주로 한다.

 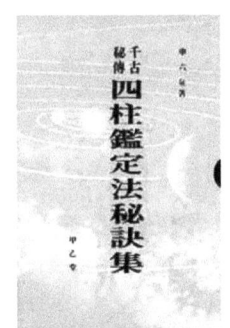  

사주정설·사주감정법비결집·사주첩경·명리요강

로써 한국에서 사주는 비로소 학문적 궤도에 오르기 시작하였다. 1970년대 이후 박재완의 『명리요강』(1974)[58]·『명리사전』(1978)[59]·『도계실관』(1993)[60]이 발간되었다. 이외에도 많은 사주 이론서가 출간되었으나 대부분 그 체제와 내용면에서 베낀 듯 유사하고 나아진 것이 그리 많지 않다.

한국 현대사에서 1980년대까지는 정치적 격변이 반복되고 이데올로기 논쟁이 가열된 시기였다. 이 시기에 피로감을 느낀 사람들은 그들의 정신적 위안처로 동양사상에 관심을 갖기 시작하였다. 그리고 근대 이후 한국사회를 지배해온 서구중심의 비인간적·물질적 가치관을 극복하려는 움직임도 생겨났다. 1990년대 이후 이데올로기 문제가 현실의 관심에서 본격적으로 퇴조하자 동양고전·기공·전통무예·전통예술·풍수지리·사주명리 등 동양사상과 전통문화에 대한 탐구를 통해 자신의 참된 본래 가치를 알아가려는 경향이 사회문화적으로 형성되었다.

이런 사회적 분위기에 부응하여 1999년 원광대학교에서 국내 처음으로 대학원 석사과정에 동양철학 전공을 신설하고 사주명리를 비롯하여 술수학을

---

[58] 『명리요강(命理要綱)』: 대만의 명리학자 위천리(韋千里)의 『명학강의(韋千里命學講義)』를 토대로 저술되었다. 대전·충청·전라 지역에서 많이 활용되었으며, 『명리사전』과 더불어 계절인 월령(月令)을 중시해서 '조후론(調候論)'을 위주로 한다.

[59] 『명리사전(命理辭典)』: 대만의 명리학자 위천리(韋千里)의 『팔자제요(八字提要)』를 토대로 일간(日干)과 월지(月支) 그리고 시주(時柱)로 구성되는 체제 위에서 일지(日支)이 경우외 수를 설명하여 용희신(用喜神)을 일목요연하게 볼 수 있도록 하였으며 사주 용어의 뜻풀이도 덧붙였다. 1978년에 발간된 후 교정되어 출간되고 있다.

[60] 『도계실관(陶溪實觀)』: 이 책은 박재완(朴在玩) 사후 1993년 발간되었으며 1999년부터는 『명리실관(命理實觀)』으로 이름이 바뀌어 간행되고 있다. 한문의 사자구(四字句)를 대구(對句)로 하여 주로 기술되어 있는데 실관 내용을 매우 비유적이며 함축적으로 표현하고 있다.

강의하기 시작하였다. 이에 따라 그동안 변경과 음지에 머물러 학술적·체계적인 연구가 부족했던 사주명리와 관련 술수학이 점차 본격적으로 연구될 수 있는 기반이 마련되었다. 이후 동방문화대학원대학교·대전대학교·공주대학교·국제뇌교육종합대학원대학교·경기대학교·대구한의대학교 등에서도 사주명리에 관한 대학원 정규과정을 개설해서 그동안 주변 학문이었던 사주명리와 관련 술수학에 관해 연구를 진행하고 있다. 근래에는 원광디지털대학교, 글로벌사이버대학교 등 사이버 대학에서도 관련 강의를 개설하고 있다.

　2000년대 초반까지만 하더라도 사주명리에 관해 학술적·체계적인 연구가 거의 전무하였다. 연구 초기에는 사주명리의 연구방법론에 대한 인식도 미흡하였다. 그래서 초기 연구경향은 대체로 질병·사고·가족·재물·적성 등 구체적 현상에 주제를 맞춰 조사집단과 참조집단 간의 구별과 조사치의 차이 검증도 없이 여러 개의 사주명조를 분석·나열하고 그 결과를 단순통계 처리하는 통계조사에 편중되었다. 그런 가운데서도 명리학의 역사를 규명하고 학술적 체계를 정립하고자 노력한 글들이 나왔다. 이런 연구성과를 바탕으로 명리학의 문헌·인물·체계·원리 등 중요한 관련 주제에 심도 있게 천착한 글들이 점차 나오면서 사주명리의 학술적 체계 정립에 기여하고 있다.61)

---

61) 김만태, 『한국 사주명리의 활용양상과 인식체계』(안동대학교 대학원 박사학위논문, 2010), 39쪽; 김만태, 「한국 사주명리 연구의 현황과 과제」, 『동방문화와 사상』 1(동방문화대학원대학교 동양학연구소, 2016), 217~218쪽.

한국 사주명리학의 향후 과제와 전망

우리나라에서 사주명리의 현주소를 가장 잘 보여주는 지표는 바로 국가기관에서 발행하는 직업사전이다. 『2020 한국직업사전』에서는 사주명리에 관한 직업을 '점술가'로 분류되어 있는데 그 내용을 살펴보면 다음과 같다.[62]

5124 점술가

[직무개요]
손금, 관상, 여러 가지 점치는 도구 등을 참조하여 고객의 장래에 발생할 수 있는 일을 예언하고 조언한다.

[수행직무]
고객의 손금과 얼굴의 형태를 관찰하거나 고객의 태어난 생년월일시각, 성명 등을 알아 월력, 십간십이지표, 구호표, 묵죽, 타로카드 등의 용구를 사용하여 미래의 일을 풀이하거나 예언한다. 길흉화복의 운명을 판단하여 행동의 지침을 알려주며 사주, 궁합 등을 조언한다. 때때로 액운을 막기 위한 부적을 쓰기도 한다. 타고난 사주에 기반하여 신생아 이름, 개명, 상호명 등 이름을 짓기도 한다. 손금, 관상, 사주, 작명 등 한 가지를 전문으로 하기도 한다.

[부가직업정보]
- 정규교육: 9년 초과~12년 이하(고졸 정도)
- 숙련기간: 2년 초과~ 4년 이하
- 직무기능: 자료(수집) / 사람(말하기-신호) / 사물(관련없음)
- 작업강도: 가벼운 작업
- 육체활동: 언어력
- 작업장소: 실내
- 관련직업: 운명철학가, 역술가, 관상가, 무당, 타로상담가, 작명가, 풍수지리가

---

[62] 『2020 한국직업사전』(한국고용정보원, 2019), 1234쪽.

- 자격면허:
- 표준산업분류: S969 그 외 기타 개인 서비스업
- 표준직업분류: 4292 점술가 및 민속신앙 종사원
- 조사연도: 2012년

그리고 한국연구재단의 학술연구분야분류표(2016년 2월 개정)에서 풍수지리는 'B160212(분야코드) 사회과학(대분류명) 지리학(중분류명) 인문지리학(소분류명) 풍수지리(세분류명)'인 반면 사주명리는 분야코드가 전혀 없는 실정이다. 즉 학술연구 분야에서도 사주명리는 무적자(無籍者)인 셈이다. 이 모두는 사주명리가 사이비(似而非) 학문으로 여겨져 온 탓이다.

지금까지 사주명리가 비합리적인 술수로 간주되어온 이유는 오해나 편견의 시각 문제라기보다는 그동안 사주명리학 스스로 학적 조건을 제대로 구비하지 못한 때문이라고 생각한다. 지금 필요한 것은 사주명리학을 위한 옹호와 변명보다는 사주명리학 자체에 대한 학술적 고찰과 비평이다. 그래서 사주명리학의 이론적 체계화와 정합성 확보가 더욱 본질적인 선결문제인 것이다. 또한 사주명리학 자체의 문제점과 이에 종사하는 사주명리인의 문제점을 구분해서 살펴봐야 한다.

1. 사주명리에 대한 인식 전환

확정성에서 가능성으로, 필연성에서 개연성으로 사주명리에 대한 인식의 전환이 절대적으로 필요하다(정선명리학 天 첫머리 참고).

2. 학제적 인프라 구축

사주명리학의 학술적 정립을 위한 학제적(學制的) 인프라의 구축이 매우 긴요하다. 단적인 예를 들자면 2020년 3월 현재 다음(Daum)에 등록된 '○○(사주)명리학회(연구원)'류의 카페와 사이트만도 1,000여 개가 넘는다. 네이버나 유튜브 등에 등록된 카페나 사이트, 채널까지 포함한다면 2,000여 개를 훌쩍 넘길 것이다. 2000년대 이후 온라인 소통의 가속화로 인한 것이긴 하지만 다른 학술 분야에서는 결코 찾아볼 수 없는 매우 이례적인 현상임에는 틀림없다.

이로 말미암아 온라인상에서 많은 자료가 공유되고 토론이 활성화되면서 사주명리의 학술적 발전에 긍정적인 영향을 준 점도 많다. 하지만 개인 홍보 또는 친목 도모용으로 창설하면서 '학회'라는 명칭을 붙인 사설(私設) 학회가 거의 대부분으로 진정한 학술 토론의 장으로서는 제대로 역할을 못하고 있다. 그리고 단순 복제된 자료와 검증되지 않은 견해를 계속 재인용하며 양산해내는 부작용도 표출하고 있다. 그러므로 이제부터라도 한국연구재단에 등록 후 사주명리와 관련된 주제를 공론화하여 학술적으로 토론할 수 있는 진정한 학회가 창설되어야 한다.

현재 사주명리에 관한 학술논문이 게재될 수 있는 전문 학술지가 전무한 실정이다. 이는 사주명리인들은 대체로 논리적이며 체계적인 글보다는 구변(口辯)과 직관(直觀)에 의지하여 자신의 견해를 피력하는 경향이 무척 강하기 때문에 사주명리 관련 학술논문이 좀처럼 발표되지 않는 현실과 맞물려 있다. 그 결과 선행 학술논문이 제대로 축적되지 못하고 있으며 이로 인해 심층적·체계적인 연구서도 드물며 번역된 원전과 사(私)교재 위주로 사주명리에 관한 교육과 연구가 진행되는 악순환을 낳고 있다. 그러므로 이제부터라도 사주명리에 관한 수준 높은 학술논문들이 많이 발표되어 한국연구재단 등재 전문 학술지가 만들어질 수 있는 기반이 마련되어야 한다.

지금까지 사주명리의 연구 또는 교육 풍토는 대체로 4~5가지 양상을 띠고 있다.

첫째는 도제식(徒弟式) 수업이다. 선학으로부터 구전심수(口傳心授) 등으로 이어 온 내용을 '비법(秘法)'이라는 이름하에 전달하는 방식이다. 둘째는 무사자해(無師自解)·무사자득(無師自得) 학습이다. 특별히 스승을 둘 수 없는 경우에 일반적인 교재를 통해 기본을 익힌 후에 스스로 심득(心得)하는 방식이다. 셋째는 학원식 수업이다. 이는 두 가지 유형이 있는데 사설학원·평생교육원·문화센터 등 전적으로 오프라인에서만 이뤄지는 수업방식이 있고, 오프라인 수업을 동영상으로 촬영한 후 온라인에서 송출하는 온라인 수업방식이 있다. 이는 대중교육의 취지에 일면 부합하고 나름의 강의교재와 합리적인 강의료를 통해 일정부분 사주명리의 대중화에 기여하였다. 넷째는 제도권

내 정규교육기관의 등장이다. 1999년 원광대학교 동양학대학원에서 석사과정을 신설하고 사주명리를 강의하기 시작 이래 여러 대학교에서도 유사한 과정을 설치 운영해오고 있다.63)

제도권에 정규교육기관의 등장은 사주명리의 학술적 발전에 촉매제로서 큰 기여를 하기 시작했다. 그러나 연구의 수준과 질을 높이기보다는 많은 학생을 모집하려는 학교와 쉽게 학위를 취득하려는 학생들의 이해관계가 들어맞아 양산해내는 부작용도 적지 않으므로 반드시 이를 개선해야 한다.

지금까지 살펴본 학회·학술지·정규교육기관 외에 사주명리의 학술적 정립을 위한 학제적 인프라로는 학생·선생·교재·자격증 등도 해당되는데 이들을 종합적으로 검토해서 정리하면 다음 <표>와 같다.

<명리학의 학제적 인프라 검토>

요건	현재	향후	비고
학회	대부분 개인 홍보용 (무늬만 학회)	진정한 학술 토론의 場	한국연구재단 등록 필요
학술지	전문 학술지 거의 없음64)	전문 학술지 발행	한국연구재단 등재 필요
학교	학생모집 차원에서 학위 부여에 관심 집중	연구 수준과 질 향상 노력, 안정된 제도적 지원 필요	현재 사이버대·대학원 위주
학생	50대 이후 중장년층이 주류	학생 연령의 年少化도 필요	新舊세대의 조화 필요
선생	현장 실제경험과 학문적 식견 분리	현장 실제경험과 학문적 식견 겸비	人格이 가장 중요, 派黨을 지으면 안 됨
교재	원전 번역과 私교재 위주	심층적·체계적인 연구서 개발	선행 학술논문 축적 필요
자격증	민간 자격증 남발	국가공인 자격화	사회적 편견 극복

---

63) 신경수, 「한국 술수학의 발전적 미래 모색」, 『제9차 동양철학문화 정기학술대회 발표자료집』(원광대학교 동양학연구소, 2012), 62~65쪽 참고.
64) 동방문화대학원대학교 동양학연구소에서 2016년 8월부터 연 2회 발간하는 국내 최초의 술수학 전문학술지인 『동방문화와 사상』이 2019년 1월 한국연구재단의 등재후보 학술지, 2022년 1월 등재 학술지로 선정된 것이 유일하다.

3. 연구주제의 다양화

지금까지 산출된 연구 성과들을 살펴보면 지나치게 편중되었다는 사실을 알 수 있다. 예를 들면 사주명리의 철학적 조망에서는 중화사상, 활용양상에서는 심리·적성, 질병으로 연구가 쏠려 있다. 물론 연구자의 관심사가 그러하기 때문이기도 하겠지만 연구를 진행하기가 쉽지 않은 미답(未踏)의 주제는 비록 중요하더라도 연구를 기피하는 성향이 있기 때문이기도 하다.

그러므로 앞으로 사주명리에 관한 연구주제를 보다 다양하게 펼칠 필요가 있다. 예를 들면 위도(북반구·적도대·남반구)와 경도(동반구·서반구)의 차이에 따른 사주명리의 적용 여하 문제, 쌍태아(雙胎兒)를 비롯한 동일 사주인에 대한 사주명리의 적용 여하 문제, 사주 간명에 따른 후속 조치로서 개운론(開運論)의 허실 문제, 사주명리에서 정명론(定命論)의 관점 문제, 사주명리의 삼원(三元) 중 인원(人元)으로서 중요한 지장간(支藏干)의 규명, 음양간(陰陽干)의 순역(順逆)에 관한 논쟁, 십이운성(十二運星)에서 화토동궁(火土同宮)과 수토동궁(水土同宮)의 논란, 신살(神殺)의 적용 여하 등은 중요함에도 불구하고 연구가 없거나 매우 미진하다.

2000년대 초반까지만 하더라도 명리학에 대한 체계적이고 학술적인 연구가 거의 없었다. 연구 초기에는 명리학의 연구방법론에 대한 인식도 미흡하였다. 그래서 초기 연구경향은 대체로 질병·사고·가족·재물·적성 등을 주제로 조사집단과 비교집단 간의 구별과 조사치의 차이 검증도 없이 질적 연구인 사례분석(case analysis)이 아니라 설문조사 결과를 단순통계 처리하는 통계조사(statistical survey)에 편중되었다.

지금도 사주명리의 해석체계인 성정론·육친론·학업론·직업론·재물론·인연론·질병론 등과 관련하여 많은 통계 논문들이 양산되고 있는데, 이 경우에도 이현령비현령 식의 단순 통계가 아니라 조사집단과 참조집단 간의 비교 분석과 조사치의 차이 검증을 통해 심층적인 연구가 이뤄져야 조사 결과의 왜곡을 막으며 연구의 신뢰성을 향상시킬 수 있다.

급변하는 현대사회의 다양한 직업군, 노령인구 증가로 인한 삶의 양상 변화, 불투명한 미래 삶에 대한 명리학의 역할 증가, 오류없이 활용할 수 있는 명리학 프로그램의 개발 등에 관한 진지한 고민과 지속적·체계적인 연구가 요구된다.

사주명리의 총체적 접근을 위해서는 민속학·철학·종교학·천문학·역사학·사회학·심리학 등과의 학제간(學際間) 연구도 요구된다. 또한 사주명리의 술수적·방법적 측면의 연구를 통해 사주명리의 정확성을 높이려는 노력도 중요하지만 사주명리의 사상·철학적 측면에 관한 연구도 병행되어야 한다. 그래야만 사주명리의 정체성을 올바르게 정립할 수 있으며, 나아가 한결 성숙되고 보다 높은 차원으로 사주명리 문화가 발전해 나갈 수 있다.[65]

---

65) 김만태, 『한국 사주명리 연구』(민속원, 2010), 550~551쪽.

제5장. 사주와 운로

1. 사주 조직

   며칠부터 '황금돼지해'인가?

2. 시간 적용에 관한 문제

   표준시 변경과 서머타임 시행의 경과

3. 대운·소운

제5장. 사주와 운로

1. 사주 조직

오늘날 사주(四柱)는 사람이 출생한 '연월일시'의 천간(天干)·지지(地支) 네 기둥, 곧 연주(年柱)·월주(月柱)·일주(日柱)·시주(時柱)를 뜻한다. 각 기둥이 간지(干支) 두 글자씩으로 구성되어 있으므로 팔자(八字)라고도 하며, 이것을 통틀어 사주팔자(四柱八字)라고도 한다.

사주명리학에서는 생년월일시의 간지인 사주를 나무[樹]의 구성체인 근묘화실(根苗花實)에 비유한다. 그래서 연주는 근(根)으로서 나무의 뿌리에 비유되며 가문과 조상에 해당한다. 월주는 묘(苗)로서 나무의 가지와 잎에 비유되며 부모와 형제에 해당한다. 일주는 화(花)로서 나무의 꽃에 비유되며 사주 주인공 자신과 배우자에 해당한다. 시주는 실(實)로서 나무의 열매에 비유되며 자식과 후손에 해당한다고 인식한다.

> "옛사람들은 갑자 을축이란 이름의 간지로써 육십갑자에 화자(花字)를 썼으니 모든 것을 나무로써 비유한 뜻이다. 만약 천간 지지가 시(時)를 얻으면 자연 개화하여 열매[實]를 맺으니 자식이 번성한다. 월령은 천원(天元)이니 지금의 운이 월상(月上)에서 일어나며 비유하면 나무의 싹[苗]이다. 나무의 싹을 보면 그 이름을 알게 되고 (…) 교운(交運)은 마치 나무를 접붙이는 것과 같다. 명에는 근묘화실(根苗花實)이 있으니 이것이 올바른 이치이다."[67]

<사주의 근묘화실>

시	일	월	연
실(實) 열매	화(花) 꽃	묘(苗) 싹	근(根) 뿌리
자식·후손	자신·배우자	부모·형제	가문·조상
61살 이후(노년)	41~60살(중년)[66]	21~40살(청년)	1~20살(소년)
미래	현재	(기억하는) 과거	(기억 못하는) 과거

사주 찾기

사주를 보기 위해서는 가장 먼저 사주를 찾아야 한다. 음력이든 양력이든 상관없이 태어난 연월일시를 정확히 알면 만세력(萬歲曆)을 이용해서 사주를 찾을 수 있다. 만세력은 매년의 태세(太歲), 매월의 월건(月建), 매일의 일진(日辰), 24절기의 절입 시간 등을 미리 추산하여 간지로써 날짜를 기록해 놓은 달력의 일종이다. 따라서 만세력은 사주명리학에서 생년월일시를 가지고 사주를 찾는데 필수이다. 만세력에는 연주·월주·일주까지는 표시되어 있으나 시주는 따로 나와 있지 않다. 하지만 시주를 찾는 방법은 간단하다. <시간지 조견표(시주를 찾는 법)>[68]에서 일주의 천간[일간]과 태어난 시간대[시지]가 만나는 지점의 간지가 시주이다.

<만세력으로 사주 찾기의 간단한 예>

1984년 양력 3월 17일 미(未)시에 태어났다면,

<연주>
가장 먼저, 만세력에서 서기 1984년을 찾으면 되는데 갑자(甲子)년이 나온다. 따라서 연주는 甲子이다.

<월주>
만세력의 서기 1984년 페이지에서 양력 3월을 찾으면 되는데 정묘(丁卯)월이 나온다. 따라서 월주는 丁卯이다.

<일주>
만세력의 서기 1984년 양력 3월 칸 중에서 3월 17일의 일진을 찾아 쓰면 되

---

66) '花'는 배우자가 생기는 혼인 후부터, '實'은 혼인 후 자식을 낳고 부터도 해당된다.
67) 萬民英, 『三命通會』 권2, <論大運>, "古人以甲子乙丑名支干, 六十甲子用花字, 是皆以木喻義. 若天干地支得時, 自然開花結子茂盛. 月令者天元也, 今運就月上起, 譬之樹苗. 樹之見苗, 則知其名, (…) 故謂交運, 如同接木. 命有根苗花實, 正此意也."
68) 이 장 제1절 <사주 조직>에 실려 있다. 만세력 책의 앞이나 뒤에 대부분 수록되어 있다.

는데 경술(庚戌)이다. 따라서 일주는 庚戌이다.

<시주>

일주의 천간, 즉 일간이 庚이므로 만세력 앞이나 뒤에 수록된 <시간지 조견표>에서 을경(乙庚)일을 찾은 후, 미(未)시와 만나는 지점의 간지를 보면 되는데 계미(癸未)가 나온다. 따라서 시주는 癸未이다.

이렇게 해서 찾은 '갑자(甲子), 정묘(丁卯), 경술(庚戌), 계미(癸未)' 등 4개가 사주(四柱)가 되고, 이 4기둥에 들어 있는 천간·지지 8개가 팔자(八字)이다.

시주	일주	월주	연주	
癸	庚	丁	甲	천간
未	戌	卯	子	지지

※ 생일이 윤달에 들어 있는 경우도 위 경우와 마찬가지로 만세력에서 그대로 찾으면 된다.

예를 들어 1984년 음력 윤10월 6일 유(酉)시에 태어났다면,

연주는 갑자(甲子)이고, 음력 윤10월 6일이 들어 있는 달이 을해(乙亥)월이므로 월주는 을해(乙亥)이고, 윤10월 6일의 일진이 병인(丙寅)이므로 일주는 병인(丙寅)이고, 일간이 丙이므로 <시간지 조견표>에서 병신(丙辛)일을 찾은 후, 유(酉)시와 만나는 지점의 간지를 보면 정유(丁酉)이므로 시주는 정유(丁酉)이다.

따라서 '갑자(甲子), 을해(乙亥), 병인(丙寅), 정유(丁酉)'가 이 사람의 사주가 된다.

시주	일주	월주	연주	
丁	丙	乙	甲	천간
酉	寅	亥	子	지지

(1) 연주(年柱)

연주(年柱)는 출생한 해의 간지를 말한다. — 태세(太歲)69)
연주를 세우는 법은 간단하다. 가령 2008년에 출생했다면 戊子, 2009년에 출생했다면 己丑, 2010년에 출생했다면 庚寅이 연주가 된다.

※ 사주명리학에서 年을 구분하는 기준은 음력 정월 초하루나 양력 1월 1일이 아니라 입춘(立春, 양력 2월 4일경)이다. 말하자면 입춘이 사주명리학에서 한 해의 시작점인 세수(歲首)70)이다. 따라서 입춘 전에 출생했다면 음력이나 양력 기준으로는 올해 출생했더라도 작년의 연주를 쓴다.

☞ 2009년 양력 2월 3일 출생한 경우: 음력으로는 2009년 1월 9일, 따라서 음력·양력 모두 2009년(己丑)이지만 사주명리학에서는 아직 입춘(2009년 양력 2월 4일) 전이므로 2008년(戊子)으로 간주한다.

☞ 동짓달(子月)을 사주명리학상 한 해의 시작점으로 삼아야 한다는 주장은 사주명리학이 성립된 배경과 이치를 고려해 볼 때 타당성 없다.

<각 시대의 세수(歲首)>

시대	세수(歲首)	비고
하(夏)	寅	B.C. 2000~1600
은(殷)	丑	B.C. 1600~1050
주(周)	子	B.C. 1050~221
진(秦)	亥	B.C. 221~207
한(漢)~	寅	사주명리학 탄생

"하(夏)는 인월, 은(殷)은 축월, 주(周)는 자월을 한 해의 처음인 세수(歲首)로 하고71) 진(秦)은 해월을 세수로 했는데72) B.C.104 한무제가

---
69) 제4장 1절에서 그림 <세성과 태세의 대응관계> 참고.
70) 한 해가 시작하는 첫 달.

태초력(太初曆)에서 하력(夏曆)을 바탕으로 인월을 세수로 하고 그 시점을 입춘으로 본 것이 지금까지 전해진다."73)

(2) 월주(月柱)

월주(月柱)는 출생한 달의 간지를 말한다. — 월건(月建)

월지(月支): 1월은 寅월, 2월은 卯월, 3월은 辰월, 4월은 巳월, 5월은 午월, 6월은 未월, 7월은 申월, 8월은 酉월, 9월은 戌월, 10월은 亥월, 11월은 子월, 12월은 丑월.

자연철학(自然哲學)의 일종인 사주명리학에서 월지는 계절74)을 나타내므로 사주 전체 음양오행의 기운을 좌우하고 느낄 수 있다. 따라서 사주팔자 가운데서 가장 중요한 곳이다. — 제강(提綱)75)

※ 월간(月干)을 붙이는 방법: 월간은 연간에 매여 있다.

   甲己년 丙寅월~76)
   乙庚년 戊寅월~
   丙辛년 庚寅월~

---

71) 『史記』 권26, 「曆書」, "夏正以正月, 殷正以十二月, 周正以十一月. 蓋三王之正, 若循環窮則反本."
72) 『史記』 권28, 「封禪書」, "秦以冬十月爲歲首. 故常以十月上宿郊見."
73) 김만태, 『한국 사주명리 연구』(민속원, 2011), 268쪽.
74) 자전축이 기울어진 지구의 공전으로 생기는 계절 현상이 반영되어 있다. 즉 지구는 자전축이 기울어진 채 태양 주위를 공전하므로 태양의 남중 고도가 달라지고, 밤낮의 길이가 달라져서 지표면에 도달하는 태양 복사 에너지량이 달라지기 때문에 계절의 변화가 생긴다.
75) 그물의 위쪽에 코를 꿰어 한 줄로 그물을 잡아당기는 것을 제강(提綱)이라 한다.
76) 제7장 1절 <천간합의 구성 원리> 참고.
화(化)하는 오행을 생해주는 천간으로부터 시작.
Ex) 甲己합은 土로 화하는데 토를 생해주는 丙火로부터 寅월이 시작.
   丁壬합은 木으로 화하는데 목을 생해주는 壬水로부터 寅월이 시작.

丁壬년 壬寅월~

戊癸년 甲寅월~

<월간지(月干支) 조견표>

월(음력)	절입일	연	甲己년	乙庚년	丙辛년	丁壬년	戊癸년
1월(寅)	입춘(양력 2월 4일경)		丙寅[77]	戊寅	庚寅	壬寅	甲寅
2월(卯)	경칩(양력 3월 6일경)		丁卯	己卯	辛卯	癸卯	乙卯
3월(辰)	청명(양력 4월 5일경)		戊辰	庚辰	壬辰	甲辰	丙辰
4월(巳)	입하(양력 5월 6일경)		己巳	辛巳	癸巳	乙巳	丁巳
5월(午)	망종(양력 6월 6일경)		庚午	壬午	甲午	丙午	戊午
6월(未)	소서(양력 7월 7일경)		辛未	癸未	乙未	丁未	己未
7월(申)	입추(양력 8월 8일경)		壬申	甲申	丙申	戊申	庚申
8월(酉)	백로(양력 9월 8일경)		癸酉	乙酉	丁酉	己酉	辛酉
9월(戌)	한로(양력 10월 8일경)		甲戌	丙戌	戊戌	庚戌	壬戌
10월(亥)	입동(양력 11월 7일경)		乙亥	丁亥	己亥	辛亥	癸亥
11월(子)	대설(양력 12월 7일경)		丙子	戊子	庚子	壬子	甲子
12월(丑)	소한(양력 1월 6일경)		丁丑	己丑	辛丑	癸丑	乙丑

Ex) 甲이나 己년생이라면 정월은 丙寅, 2월은 丁卯, 3월은 戊辰, 4월은 己巳, 5월은 庚午 등으로 육십갑자의 순서대로 나간다.

丁이나 壬년생이라면 정월은 壬寅, 2월은 癸卯, 3월은 甲辰, 4월은 乙巳, 5월은 丙午 등으로 육십갑자의 순서대로 나간다.

※ 辰에 합화(合化)하는 오행의 양(陽)천간이 들어와서 기준이 된다.

사주명리학에서 입춘을 새로운 연(年)의 시작점으로 보는 것과 같이 월(月)도 시작하는 각 절기(節氣)가 따로 있다. 즉 사주명리학에서 각 달의 기점은 음력 초하루, 양력 1일이 아니라 각 달의 절입일(節入日)이 월의 기점이다.[78] 예를 들면, 양력 4월이나 음력 3월생인데도 생일이 辰월의 절입일(節入日)인 청명(淸明)이 아직 되지 않았으면 전달인 卯월의 월주를 쓴다.

---

77) 丙寅, 丁卯에서 甲子, 乙丑까지 60갑자 순으로 배열되어 있다.
78) 정선명리학 天 제2장 1절에서 <24절중기(節中氣)> 참고.

Ex) 2009년 양력 4월 4일 출생한 경우: 음력으로는 2009년 3월 9일, 아직 청명(2009년 양력 4월 5일 00시 33분) 전이므로 丁卯월로 간주한다. 2009년 양력 4월 5일 0시 33분부터 戊辰월이 시작된다.

(3) 일주(日柱)

일주(日柱)는 태어난 날의 간지를 말한다 — 일진(日辰)
일주의 천간인 일간(日干)은 사주의 주인공 — 일간을 일주(日主)라고도 칭한다.

새로운 일(日)이 시작하는 기점은 밤 11시(한국 기준시), 즉 子시이다.
따라서 밤 11시 이후 출생했다면 새로운 날이 시작한 것으로 간주하여 다음날의 일진을 쓴다. — 정자시법(正子時法)

Ex) 2011년 양력 4월 18일(癸卯) 밤 11시 40분에 태어난 경우: 癸卯일이 아니라 다음날인 甲辰일이 일주가 된다.

(4) 시주(時柱)

시주(時柱)는 태어난 시(時)의 간지(干支)를 말한다.
월지(月支)가 정해져 있듯이 시지(時支)도 미리 정해져 있다.

　子시: 밤 11시～밤 1시(이하 별도표기가 없으면 한국 기준시 지칭)
　丑시: 밤 1시～새벽 3시
　寅시: 오전 3시～오전 5시
　卯시: 오전 5시～오전 7시
　辰시: 오전 7시～오전 9시

巳시: 오전 9시~오전 11시
午시: 오전 11시~오후 1시
未시: 오후 1시~오후 3시
申시: 오후 3시~오후 5시
酉시: 오후 5시~오후 7시
戌시: 저녁 7시~저녁 9시
亥시: 저녁 9시~밤 11시

※ 시간(時干)을 붙이는 방법: 시간은 일간에 매여 있다.

甲己일 甲子시~80)
乙庚일 丙子시~
丙辛일 戊子시~
丁壬일 庚子시~
戊癸일 壬子시~

<시간지(時干支) 조견표>

시지\일간	甲己일	乙庚일	丙辛일	丁壬일	戊癸일
子시	甲子79)	丙子	戊子	庚子	壬子
丑시	乙丑	丁丑	己丑	辛丑	癸丑
寅시	丙寅	戊寅	庚寅	壬寅	甲寅
卯시	丁卯	己卯	辛卯	癸卯	乙卯
辰시	戊辰	庚辰	壬辰	甲辰	丙辰
巳시	己巳	辛巳	癸巳	乙巳	丁巳
午시	庚午	壬午	甲午	丙午	戊午
未시	辛未	癸未	乙未	丁未	己未
申시	壬申	甲申	丙申	戊申	庚申
酉시	癸酉	乙酉	丁酉	己酉	辛酉
戌시	甲戌	丙戌	戊戌	庚戌	壬戌
亥시	乙亥	丁亥	己亥	辛亥	癸亥

Ex) 甲이나 己일생이라면 子시는 甲子, 丑시는 乙丑, 寅시는 丙寅, 卯시는 丁卯, 辰시는 戊辰 등으로 육십갑자의 순서대로 나간다.

丁이나 壬일생이라면 子시는 庚子, 丑시는 辛丑, 寅시는 壬寅, 卯시는 癸卯, 辰시는 甲辰 등으로 육십갑자의 순서대로 나간다.

※ 辰에 합화(合化)하는 오행의 양(陽)천간이 들어와서 기준이 된다.

---

79) 甲子, 乙丑에서 壬戌, 癸亥까지 60갑자 순으로 배열되어 있다.
80) 제7장 1절 <천간합의 구성 원리> 참고.
화(化)하는 오행을 극하는 천간으로부터 시작.
Ex) 甲己합은 土로 화하는데 토를 극하는 甲木으로부터 子시가 시작.
　　丁壬합은 木으로 화하는데 목을 극하는 庚金으로부터 子시가 시작.

며칠부터 '황금돼지해'인가?

2019년 며칠부터 기해(己亥)년 황금돼지해가 되는가?

올해 2019년 기해년을 '황금돼지해'라고 방송언론 등 많은 사람이 이야기한다.

그럼 기해년 황금돼지해는 정확히 언제, 며칠부터인가?

2019년 양력 1월 1일부터?

설날(음력 1월 1일)부터?

많은 사람이 이 둘 중 하나라고 생각할 것이다.

하지만 둘 다 아니다.

2019년 기해년 '황금돼지해'는 정확하게 말하면 24절기상 입춘(立春)인 2월 4일부터이다.

지난 2019년 1월 3일(목) 방송된 SBS <모닝와이드> 인터뷰에서도 이 얘기를 했다.

십간·십이지 즉 천간(天干)·지지(地支)의 간지(干支)는 우리나라를 비롯한 동아시아 문화권에서 단순한 부호의 차원을 넘어 수많은 문화 요소와 결부되면서 다양한 상징적 의미를 산출하며 존재해오고 있다.

간지가 활용되는 여러 경우 중에서도 가장 유구하면서도 대표적인 예는 무형의 시간인 날짜를 매기는 역(曆, calendar)의 부호로서이다.

즉 십간(10)과 십이지(12)의 최소공배수 조합인 60갑자(sexagenary cycle)로써 연월일시의 날짜와 시간을 헤아리는 간지력(干支曆)이 바로 그것이다. 그 중에서 간지로 연(年)을 표기하는 것을 간지기년(干支紀年)이라 한다.

그 예로 임진왜란(壬辰倭亂, 1592년), 병자호란(丙子胡亂, 1636년), 올해 100주년이 되는 기미(己未)독립선언(1919년)처럼 중요한 역사적 사건의 경우 그 일이 발생한 해의 간지(干支)로 명명하는 경우가 많다.

그리고 2007년 정해(丁亥)년도 황금돼지해, 2010년 경인(庚寅)년을 백호(白虎)해, 2015년 을미(乙未)년을 청양(靑羊)해라고도 불렀다.

제5장. 사주와 운로

이렇게 간지(干支)로써 한 해를 매길 때는 그 시점(기점)이 있게 마련이다. 이는 세수(歲首), 즉 '새해의 처음·첫머리'로서 정월(正月)을 의미한다. 즉 한 해가 시작하는 첫날이 되는 것이다.

하지만 기원전 104년 중국의 한무제(漢武帝)가 태초력(太初曆)으로 역법을 바꾸기 전까지는 새해의 첫날이 통일되지 않고 왔다갔다 했다.

그래서 하(夏)나라 때는 음력 1월(寅月), 상은(商殷)나라 때는 12월(丑月), 춘추전국시대인 주(周)나라 때는 동짓달인 11월(子月), 진시황제가 중국을 통일한 후에는 10월(亥月)을 한 해의 기점으로 삼았다.

천개어자(天開於子)의 이치에 따라 천도(天道)의 운행은 자(子)에서 시작되므로 마땅히 한 해의 운행도 동지(冬至)가 있는 자월(子月)로부터 시작되어야 한다고 보는 견해도 있다.

그러나 이러한 역법(曆法)의 제정·시행보다 목화토금수(木火土金水) 순서의 오행상생론(五行相生論)이 먼저 확고하게 자리하고 있었다.

이전까지 두서가 없었던 오행의 순서가 상생 관계에 따른 지금의 오행 순서인 '목(봄)→화(여름)→토→금(가을)→수(겨울)'로 (춘추)전국시대의 『관자(管子)』에서 비로소 확정되었던 것이다.

이렇게 『관자』에서 정립된 사시(四時)와 오행 사상은 후대 『여씨춘추(呂氏春秋)』·『황제내경(黃帝內經)』·『회남자(淮南子)』·『춘추번로(春秋繁露)』 등에서도 지속적으로 발전하였다.

그리하여 생장화수장(生長化收藏)의 이치에 따라 봄[春]이 천시(天時)가 드러나는 계절의 맨 앞에 놓이게 되었고, 절기상 봄이 들어서는 입춘(立春)을 한 해의 기점인 정월 세수(歲首)로 삼게 되었던 것이다.[81]

그러므로 2019년 기해년 황금돼지해는 24절기상 입춘(立春)인 2월 4일부터 비로소 시작하고, 입춘인 2월 4일 12시 14분(동경 135°기준)부터 태어난 아기가 실제로 황금돼지해 아기가 된다.

---

81) 김만태·신동현, 「명리학에서 시간(時間)에 관한 논점 고찰: 자시(子時)를 중심으로」, 『원불교사상과 종교문화』 59(원광대학교 원불교사상연구원, 2014), 455~456쪽.

2. 시간 적용에 관한 문제

(1) 야자시

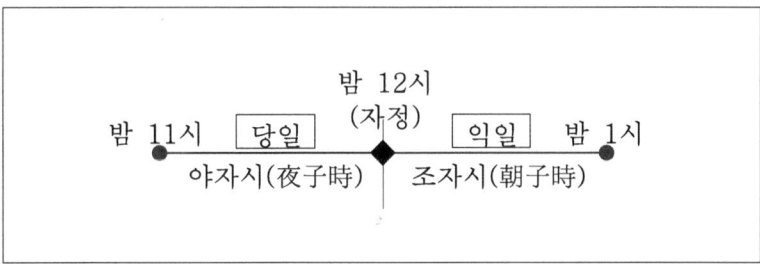

자시(子時)는 밤 11시부터 밤 1시(한국 기준시) 바로 전까지이다.
전통적으로 동아시아에서는 자시(밤 11시)를 기점으로 새로운 날이 시작된다고 인식하였다. ― 정자시법(正子時法)

그러나 밤 12시(자정)를 기점으로 새로운 날이 시작된다고 보고, 자정을 기준으로 자시를 둘로 구분하는 견해도 최근 성행하고 있다. 이 경우 자정을 지나지 않은 자시를 야자시(夜子時), 자정을 지난 자시를 조자시(朝子時)라 한다.[82] ― 야자시법(夜子時法)

야자시와 조자시는 시주(時柱)는 같지만 날짜(일주)가 다르다. 야자시(밤 11시~밤 12시)는 자정 전이므로 당일이 되고, 조자시(밤 12시~밤 1시)는 자정 후이므로 다음날이 된다.
야자시인 경우 일주는 당일로 쓰고 시주는 다음날 자시를 당겨쓴다.
조자시인 경우는 정자시법 원리 그대로 적용한다.

Ex) 양력 2011년 4월 18일(癸卯) 밤 11시 40분에 태어난 경우
야자시법: 癸卯일 甲子시 (당일 일주 + 익일 시주)
정자시법: 甲辰일 甲子시 (조자시 경우와 같다)

* 박재완 선생은 정자시, 이석영 선생은 야자시 활용했다.

---

[82] 이처럼 야자시법에서는 자시를 2개로 구분하기 때문에 하루에 총 13개의 시가 나온다.

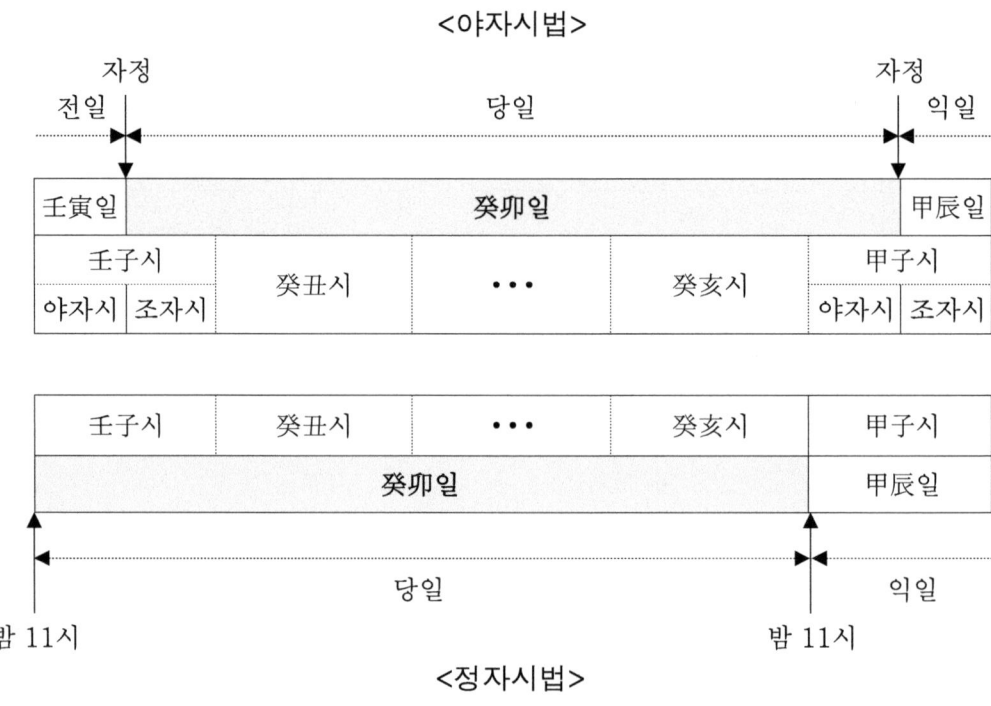

　명리학(命理學)에서 하루의 시작을 자시(子時)의 초각(初刻: 23시)으로 보느냐 정각(正刻: 24시)으로 보느냐에 따라 생일(生日)이 달라지며 경우에 따라서는 생월(生月)과 생년(生年)까지도 달라지는 경우가 있다. 그러므로 이 문제는 명리학계의 가장 큰 화두 중의 하나로 존재해오고 있다.

　자시에 관한 이견은 정자오(正子午)를 분계선으로 상오(上午)와 하오(下午)를 구분하는 천문적 관점[야자시설(夜子時說)]과 자시에 하늘이 열린다는 천개어자(天開於子)의 인식적 관점[정자시설(正子時說)]의 차이로 요약된다.

　야자시(夜子時)와 조자시(朝子時), 정자시(正子時)의 구분 혼란이 서양의 시간개념 유입에 의한 현상이라고 볼 수는 없다.

　천문학적 관점에서는 야자시설이 보다 타당하다. 그러나 명리학에서 채용하고 있는 간지력법(干支曆法)은 천문학적 의미보다는 점성술적 의미가 더 강하다. 그리고 한 해의 시작인 세수(歲首:정월)도 초입절(初入節)을 분계로 한다. 이런 점 등을 고려할 때 자시 초각에 새로운 하루가 시작된다는 정자시설이 명리학적 입장에 보다 부합된다.

☞ 『연해자평(淵海子平)』에서는 『칠수류찬(七修類纂)』의 말을 인용하여 자시가 야자시와 조자시의 둘로 나뉘는 까닭을 쥐의 앞뒤 발톱 개수의 음양으로 설명하고 있다.

"가령 子는 비록 陽에 속하지만 (자시의 8각 중에서) 앞의 4각은 어젯밤의 陰이고, 뒤의 4각은 오늘의 陽이다. 이는 쥐의 앞발톱은 4개로 음을 상징하고, 뒷발톱은 5개로 양을 상징하기 때문이다(如子雖屬陽, 上四刻乃昨夜之陰, 下四刻今日之陽. 鼠前足四爪象陰, 後足五爪象陽故也)."

그리고 명청대의 문헌인 『삼명통회(三命通會)』·『성평대성(星平大成)』·『삼재발비(三才發秘)』 등에서도 야자시에 관해 소략하게 언급하고 있으나 야자시와 정자시 중 어느 것으로 간명해야 하는지에 대해서는 설명이 전혀 없다.

중화민국의 원수산(袁樹珊)·서락오(徐樂吾), 대만의 오준민(吳俊民) 등은 자신들의 저술인 『명리탐원(命理探原)』·『자평수언(子平粹言)』·『명리신론(命理新論)』 등에서 야자시는 음이 다하고 양이 일어나는 뜻이라면서 역법의 이치상 야자시법이 타당하다고 주장하였다.

하지만 남송의 정치가이자 문학자인 문천상(文天祥)의 저술 『문산집(文山集)』[83], 명나라의 경학자 손곡(孫穀)이 편술한 『고미서(古微書)』[84], 청나라의 역산가(曆算家) 매문정(梅文鼎)이 편술한 『역산전서(曆算全書)』[85], 조선 전기의 대문호인 서거정(徐居正)의 저술 『필원잡기(筆苑雜記)』 등 많은 문헌에서 사주의 총 개수를 518,400개로 상정하고 있다는 사실은 당시는 야자시가 아니라 정자시를 통용했다는 사실을 방증하는 것이라 말할 수 있다.

왜냐하면 당시에 정자시가 아니라 야자시를 적용[86]해서 사주를 세우는 것이 통용되었다면 사주의 총 가짓수는 518,400개(60갑자년×12개월×60갑자일×12개시)가 아니라 561,600개(60갑자년×12개월×60갑자일×13개시)가 나온다고 그들이 기술했을 것이기 때문이다.

---

83) 『文山集』 권13, 「又贈朱斗南序」, "甲己之年生月丙寅, 甲己之日生時甲子, 以六十位類推之, 其數極於七百二十而盡, 以七百二十之年月, 加七百二十之日時, 則命之四柱, 其數極於五十一萬八千四百, 而無以復加矣."
84) 『古微書』 권29, 「孝經援神契」, "然以甲子幹枝, 推人所生歲月, 展轉相配, 其數極于七百二十, 以七百二十之日時, 其數終于五十一萬八千四百."
85) 『曆算全書』 권35, 「筆算2」, "假如星命家以年月日時, 配成八字問共該若干, 答曰: 五十一萬八千四百."
86) 야자시법에서는 자시를 2개로 구분하기 때문에 하루에 총 13개의 시가 나온다.

(2) 경도(經度)상 시차

날짜 기준선: 영국 그리니치 천문대(0°)
날짜선 변경선: 동경(東經)·서경(西經) 180°(태평양 한가운데)

지구 자전(서→동, 반시계 방향): 하루 360° 자전
⇒ 1시간에 15°씩 서→동으로 자전

일본 기준시: 동경 135°(한국 기준시에 비해 30분 빠름)[89]

한국 기준시: 동경 127° 30′

<우리나라 표준시 기준점과 적용기간>

기준선	적용기간	기준장소
동경 127°	조선~1908.3.31	한양
동경 127° 30′	1908.4.1~1911.12.31	대전
동경 135°	1912.1.1~1954.3.20	일본 고베(神戶)
동경 127° 30′[87]	1954.3.21~1961.8.9	
동경 135°[88]	1961.8.10~현재	

☞ 현재 우리나라에서 적용하고 있는 일본 기준시에 맞춰 우리나라 시간을 재환산하면, 子시는 밤 11시 30분~밤 1시 30분, 丑시는 밤 1시 30분~새벽 3시 30분, 寅시는 새벽 3시 30분~새벽 5시 30분 등이다.

☞ 생시가 시간이 구분되는 경계에 있을 때는 태어난 곳의 위치도 함께 고려해야 한다.

지역	동경 127° 30′ (한국 기준시)	동경 135° (일본 기준시)
부산(129° 02′)	⊖ 6:12	⊕ 23:48
대구(128° 37′)	⊖ 4:28	⊕ 25:32
대전(127° 25′)	⊕ 00:19	⊕ 30:19

---

87) 한국 기준시
88) 일본 기준시
89) 한국보다 7° 30′ 더 동쪽에 위치한 일본에서 해가 먼저 뜨므로 일본 기준시가 한국 기준시에 비해 30분 빠르다.

서울(126° 58')	⊕ 2:05	⊕ 32:05
광주(126° 55')	⊕ 2:17	⊕ 32:17
인천(126° 42')	⊕ 3:32	⊕ 33:32

Ex) 현재 우리나라에서 적용하고 있는 일본 기준시 경우 자(子)시는 부산은 밤 11시 23분, 대구는 밤 11시 25분, 대전은 밤 11시 30분, 서울과 광주는 밤 11시 32분, 인천은 밤 11시 33분경부터 시작된다. 이처럼 주요 도시 간에도 10분 정도의 시차가 생긴다는 점을 유의해야 한다.

(3) 서머타임(summer time)

시(時)를 구분하는데 혼동하기 쉬운 것이 바로 서머타임(일광절약시간)이다. 이 서머타임은 정치적·사회적 상황에 따라 인위적으로 시간을 변경시켰던 것이 므로, 조정해서 보아야 하는 것이 당연하다(1시간 앞당겨 시행, 0시→1시).

■ 서머타임 실시기간

지금까지 한국의 서머타임 실시기간은 다음과 같다. 이 기간 중에는 표준시를 1시각씩 앞당긴다. 즉 <그림>처럼 0시를 1시로 시곗바늘을 앞당겨 놓고 생활하는 것이다. 그러므로 서머타임 실시기간 중에 출생한 경우에는 1시간을 빼줘야 실제 출생 시간이 된다.

1948년 6월 1일 0시 ~ 9월 12일 24시
1949년 4월 3일 0시 ~ 9월 10일 24시
1950년 4월 1일 0시 ~ 9월 9일 24시
1951년 5월 6일 0시 ~ 9월 8일 24시
1954.03.21.~1961.08.09: 동경 127° 30′기준 적용(한국 기준시)
1955년 5월 5일 0시 ~ 9월 8일 24시
1956년 5월 20일 0시 ~ 9월 29일 24시
1957년 5월 5일 0시 ~ 9월 21일 24시

1958년 5월 4일 0시 ~ 9월 20일 24시
1959년 5월 3일 0시 ~ 9월 19일 24시
1960년 5월 1일 0시 ~ 9월 17일 24시
1961.08.10~현재: 동경 135° 기준 적용
1987년 5월 10일 2시 ~ 10월 11일 3시
1988년 5월 8일 2시 ~ 10월 9일 3시

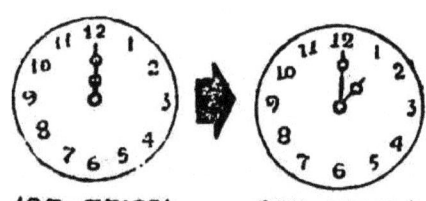

≪동아일보≫
1956년 5월 20일자

Ex) 한국 기준시 적용기간의 경우(1시간을 빼준다)

1956년 5월 30일 오후 1시 10분에 출생했다면 실제 생시는 낮 12시 10분이므로 未시가 아니라 午시가 된다.
1960년 8월 9일 저녁 9시 30분에 출생했다면 실제 생시는 저녁 8시 30분이므로 亥시가 아니라 戌시이다.
☞ 1시간을 빼줘야 실제 출생 시각이 된다.

Ex) 일본 기준시 적용기간의 경우(1시간 30분을 빼준다)

1987년 5월 30일 오후 1시 10분에 출생했다면 실제 생시는 오전 11시 40분이고 午시가 된다.
1987년 5월 30일 오후 2시 10분에 출생했다면(일본표준시 적용기간) 실제 생시는 낮 12시 40분이므로 未시가 아니라 午시가 된다.
☞ 1시간 30분을 빼줘야 실제 출생 시각이 된다.

<시간지 조견표>

시	子	丑	寅	卯	辰	巳	午	未	申	酉	戌	亥
135°	23:30~01:30	01:30~03:30	03:30~05:30	05:30~07:30	07:30~09:30	09:30~11:30	11:30~13:30	13:30~15:30	15:30~17:30	17:30~19:30	19:30~21:30	21:30~23:30
135° 서머	00:30~02:30	02:30~04:30	04:30~06:30	06:30~08:30	08:30~10:30	10:30~12:30	12:30~14:30	14:30~16:30	16:30~18:30	18:30~20:30	20:30~22:30	22:30~00:30
127°30'	23:00~01:00	01:00~03:00	03:00~05:00	05:00~07:00	07:00~09:00	09:00~11:00	11:00~13:00	13:00~15:00	15:00~17:00	17:00~19:00	19:00~21:00	21:00~23:00
127°30' 서머	00:00~02:00	02:00~04:00	04:00~06:00	06:00~08:00	08:00~10:00	10:00~12:00	12:00~14:00	14:00~16:00	16:00~18:00	18:00~20:00	20:00~22:00	22:00~00:00

【입태월(入胎月) 찾는 법】

고법(古法)명리는 생년(生年)을 삼명[三命: 祿(干)·命(支)·身(納音)]의 근거로 삼아 입태월(入胎月)인 태원(胎元)과 생월일시(生月日時)를 함께 고려했으므로 엄밀히 말하면 사주(四柱)가 아니라 오주(五柱)라고 할 수 있다.

입태월은 태어난 달로부터 9달 전이다. 예를 들어 생월이 辛亥이면 태어난 辛亥월로부터 육십갑자를 거꾸로 9칸을 세어서 닿는 壬寅이 입태월이다. 간단하게는 생월(월주)에서 천간은 1칸, 지지는 3칸 앞에 있다. 예로 들은 辛에서 1칸 앞은 壬, 亥에서 3칸 앞은 寅이므로 壬寅이 입태월이다.

입태월은 부모가 생명을 잉태할 때의 기운을 담고 있다고 여겨진다. 그래서 지금 자평(신법)명리에서도 고려하는 게 중요하다고 생각한다. 그러나 입태월이 분명하지 않아서 현실적으로 적용하기는 쉽지 않다.

♠ 사주명조 작성에 관한 여담(餘談)

원래 자시(子時)는 밤 11시부터 1시까지 인데, 서머타임 실시기간 중에는 밤 12시부터 2시까지로 바뀌며, 일본 기준시까지 겹치는 경우에는 밤 12시 반부터 2시 반까지로 자시가 변경된다. 만세력이나 사주명리 교재에서 이런 사실을 부정확하게 수록하다보니 실제 간명에서도 숱한 오류를 낳는다.

예를 들어 사주상담을 하러 온 남자(경남 마산 출생)가 모친에게 전해들은 바로 자신은 "1949년 음력 윤7월 16일 자정이 막 지나서 태어났다"(1949. 음력 윤7. 16, 00:10경)고 하면 대부분 사주간명가들은 표준시와 서머타임, 특히 서머타임에 대한 고려 없이 '기축년 임신월 신축일 무자시'로 사주를 잘못 뽑아 놓고서 상담을 한다.

이 남자가 실제로 태어난 시간은 '1949년 음력 윤7월 16일, 00:10분경'이 아니다. 일본 기준시 적용기간인 1910년 4월 1일에서 1954년 3월 20일 사이에 해당하고, 1949년도 서머타임 실시기간인 4월 3일 0시에서 9월 10일 24시 사이에 해당하므로 1시간 30분가량을 감(減)해야 올바른 출생시각이 된다. 따라서 이 남자가 실제로 태어난 시간은 '1949. 음력 윤7. 15일, 22:40분경'이 되고, '기축년 임신월 경자일 정해시'가 이 남자의 올바른 사주가 된다.[90]

---

[90] 이 남성은 20대 초 9급 지방공무원으로 공직에 몸담기 시작해 58세(丙戌) 3급 부이사관

1949년 음력 윤7월 16일, 자정이 막 지난 후(00:10분경)에 태어난 남자의 사주와 대운

그릇된 사주 명조	올바른 사주 명조
戊 辛 壬 己	丁 庚 壬 己
子 丑 申 丑	亥 子 申 丑
80 70 60 50 40 30 20 10	80 70 60 50 40 30 20 10
甲 乙 丙 丁 戊 己 庚 辛	甲 乙 丙 丁 戊 己 庚 辛
子 丑 寅 卯 辰 巳 午 未	子 丑 寅 卯 辰 巳 午 未
실제 출생시간: 1949년 음력 윤7월 15일, 22:40분경	

　잘못 뽑은 틀린 사주팔자를 갖고서 정확하게 사주를 본다는 것은 요행이 아닌 한 있을 수가 없는 일이다. 하지만 이 남성은 지금까지 많은 사주간명가들이 잘못 뽑았던 사주명조를 갖고서 그들에게 상담을 받아왔다. 그런 까닭에 사주명리상의 해석과 본인의 실제 인생 역정이 일치하지 않아 혼란을 많이 느껴왔다. 안타깝게도 이런 경우가 비일비재하다. 그래서 결국에는 속칭 '눈치껏 요행으로' 사주 풀이를 하면서 사주명리 자체를 잘못된 것으로 오도하고 왜곡하는 실태를 낳는 것이다. 이처럼 지난 100여 년간 4차례의 표준시 변경과 12차례의 서머타임 실시에 따른 시간의 혼란과 불편, 이에 관한 사주간명 종사자들의 인식 부족이 현대 한국에서 사주명리 문화가 안고 있는 또 다른 특징이다.

> 이제는 만세력 책을 보고 일일이 사주를 뽑는 것이 아니라 컴퓨터나 스마트폰의 만세력 프로그램을 이용하여 사주와 대운 등을 뽑는 시대가 되었다. 2012년까지만 하더라도 위 사례의 명조를 만세력 프로그램에서는 정확하게 나타내지 못했다. 그러나 지금은 만세력 프로그램의 정확성이 많이 나아졌다.
> 필자는 아직도 만세력 책으로 일일이 사주와 대운 등을 뽑고 있는데, 사람이 하는 일이다 보니 실수하는 경우도 드물지만 간혹 생긴다. 사주와 대운 등을 뽑는 일은 사실 단순한 기능적 부분이다. 따라서 사주와 대운을 뽑는 원리를 반드시 이해는 하고 있어야겠지만 실제 상담에서는 정확한 만세력 프로그램을 '참고적으로' 이용하는 것도 괜찮다고 생각한다.

―――――――――――――――

으로 승진하고 61세(己丑)까지 부시장으로 재직하였다. 62세(庚寅) 민선 시장선거에 출마하려 했으나 공천을 받지 못해 무산되었다. 66세(甲午) 안상수 창원시장후보 선거대책위원회 본부장을 맡아서 성공적으로 수행하였다.

표준시 변경과 서머타임 시행의 경과

사주명리학에서 말하는 **정오(正午)**는 어느 지역에서나 그 지역의 일남중(日南中)을 말하며, **자정(子正)**은 그 지역의 정야반(正夜半)을 말한다. 그런데 20세기 이후 지난 100여 년간 정치적·사회적 상황에 따른 표준시(標準時, standard time)의 4차례 변경과 서머타임(summer time, 일광절약시간)의 12차례 시행은 사주명리의 근간인 시간을 정하는 데 있어 혼란과 불편을 초래하고 있다. 결국 이는 사주팔자를 통한 운명 예측이 부정확하다는 비판을 가져오는 한 요인이 된다.

하루의 시간은 본래 태양에 대한 지구의 자전운동[91]으로 만들어진다. 각 지역마다 평균태양이 남중(南中)하는 시간은 그 지방 평균시(local mean time)의 정오(正午), 곧 낮 12시이다. 그러므로 지표상 같은 경도(經度)에 있는 곳은 같은 시간이 되고, 경도가 다르면 지방 평균시도 달라진다.

따라서 각국에서는 정치·경제·산업·문화 등 사회 활동의 통일성과 편의를 위해 표준시를 설정하여 사용하고 있다.

현재 한국은 동경(東經) 135°의 지방 평균시, 곧 일본 기준시를 채택하고 있다. 조선 시대에는 한양(漢陽)의 지방시를 기준으로 삼았다. 따라서 태양이 한양에 남중하는 시간이 정오였으며, 표준시계는 장영실이 1434년(세종 16) 경복궁 보루각에 설치한 자격루였다. 따라서 조선 시대에는 한양을 지나는 동경 127°선이 한국 표준자오선이었던 셈이다.

그러다가 대한제국은 한반도 대부분이 동경 124~131° 사이에 위치하고 있음을 감안하여 1908년 4월 1일부터 동경 127° 30′의 지방 평균시를 한국 표준시로 제정하였다. 그러나 한일 강제합병 후 1912년 1월 1일부터 동경 135°의 지방 평균시를 표준시로 변경함으로써 종전보다 30분이 앞당겨졌다(0시→0시 30분). 즉 한일 강제합병을 계기로 일본 표준시를 쓰게 된 것이다.

해방 후 한국의 독자적인 표준시를 다시 써야 한다는 여론이 있었으나 종래에 써왔던 것이므로 구태여 세계 표준시와 30분의 단수차를 붙여 혼란을 일으키거나(동경 127° 30′일 경우), 1시간을 늦춰서 실제보다 30분이 늦는(동

---

[91] 지구는 서에서 동(반시계 방향)으로 하루 360° 회전한다. 그러므로 1시간에 15°씩 서에서 동으로 자전하는 셈이다. 따라서 태양(해)은 동쪽에서 먼저 뜬다.

경 120°일 경우)92) 생활할 필요가 없다는 인식이 더 우세하여 해방 후에도 그대로 일본 표준시를 계속 사용하였다.

그러다가 1954년 3월 21일부터 대통령령으로 다시 동경 127° 30′의 한국 독자적인 표준시를 사용하였다. 그러나 세계 각국 중 정수(整數)가 아닌 소수(小數) 표준자오선을 사용하는 나라는 한국과 중동, 아프리카 등 일부 국가뿐으로 선진국은 모두 정수 표준자오선을 사용하고 있으며93), 또한 유엔군과의 연합작전상 초래되는 시간의 혼란을 방지해야 된다는 점 등이 지적되면서 1961년 8월 10일부터 다시 동경 135°의 동경 표준시를 쓰기 시작해 지금에 이르고 있다. 따라서 한국은 동경 127° 30′선에 태양이 남중할 때 자연 시간으로는 정오에 해당하지만 시계는 12시 30분을 가리키는 +30분 오차가 있다.

서머타임(summer time)은 일출부터 일몰까지 낮 시간이 긴 여름철에 표준시보다 1시간씩 시간을 앞당겨서 일광시간 동안의 활동을 늘리는 제도로서, 일광절약시간(日光節約時間, daylight saving time)이라고도 한다. 예를 들어 서머타임 실시기간 중에는 0시를 1시로 앞당겨 맞춰 놓음으로써 한 시간 일찍 낮의 활동을 시작해서 여름에 긴 낮 시간을 효과적으로 이용하자는 것이다.

한국에서도 낮 시간을 최대한 능률적으로 활용한다는 취지로 1948년부터 서머타임을 실시했으나, 군(軍)과 기타 방면과의 연락 상 혼선이 생긴다는 이유로 한국전쟁기간 중에는 한 차례만 실시하였다. 휴전 후 다시 실시했으나 한국인의 생리에 맞지 않아 서머타임에 반대하는 국민 여론이 압도적이었고 국제적인 시간계산에도 불편하다는 점이 지적되면서 1961년 서머타임을 폐지하였다.

그러다가 88서울올림픽을 앞두고 미국 방송사와 중계료 협상에 유리하다는 이유로 1987년과 1988년 2년 동안 5월 둘째 주 일요일부터 10월 둘째 주 일요일까지 서머타임을 적용했다. 서머타임 실시기간 중에는 표준시를 1시간씩 앞당긴다. 곧 0시를 1시로 시곗바늘을 앞당겨 놓고 생활하는 것이다.

---

92) 그리니치표준시(경도 0°선)와의 시차(時差)를 정수(整數)로 두려면 한국은 동경 120°나 135°를 표준자오선으로 제정해야 한다.
93) 동경 135°를 표준자오선으로 다시 채택한 주된 이유 중 하나로 세계 각국이 정수인 1시 단위(15° 간격)로 표준시를 정하고 있다는 국제적 관례가 거론되었다. 그러나 프랑스·인도·이란·중국·호주 등은 자국 고유의 시간을 유지하기 위해 15분 또는 30분 단위로 표준시를 사용하고 있다.

3. 대운·소운

사주(命): 자동차 / 운(運): 도로 상태

아무리 좋은 고급차라도 비포장 험한 길을 만나면 목적지에 도착하는데 힘이 들고, 반대로 값싼 낡은 차라도 포장된 고속도로를 만나면 쉽게 목적지에 도달할 수 있는 것과 같다.

☞ 기본적으로는 사주(命)가 운(運)보다 더 중요하다. 사주가 좋으면[94](중화中和·용신用神·성격成格) 웬만큼 나쁜 운은 그냥 넘어가지만 사주가 좋지 않으면 조금만 나쁜 운에도 풍파가 닥친다.

운은 앞으로 발생할 길흉화복의 시기와 그 정도를 미리 알려 주는 역할을 한다.
인생의 고속도로, 국도, 비포장도로, 구비 구비 비탈길, 첩첩산중 길이 몇 살부터 시작하고 몇 살에 끝나는지 미리 말해준다.
☞ 운을 모르면 앞으로 가는 길이 어떤지를 모르고 먼 길을 나서는 것과 같다.

운은 대운(大運), 소운(小運), 세운(歲運), 월운(月運), 일운(日運), 시운(時運) 등이 있으나 가장 중요하게 역할 하는 운은 대운이며 그 다음으로 세운이다.

사주 원국과 대운

인생은 오행이란 재료로써 집을 짓는 건축에 비유할 수 있다. 집을 지으려면 대들보가 되는 나무, 벽을 쌓는 흙, 주춧돌이 되는 돌과 연장이 되는 쇠 공구, 반숙에 필요한 물과 습기를 말리는데 필요한 불 등을 모두 고르게 갖춰야만 훌륭한 집을 제때에 바로 지을 수 있다.

사주 원국은 당사자가 선천적으로 갖고 태어난 건축 재료이다. 그런데 사주팔자는 여덟 자에 불과하므로 음양오행의 열 글자에 비해 두 개가 부족하다. 더구나 지지의 토는 다른 오행에 비해 2배가 된다. 따라서 선천

---

[94] 사주의 음양오행과 육신(六神)이 한쪽으로 치우치지 않고 중화(中和)되며, 용신(用神)이 힘이 있고, 사주의 격(格)이 이루어져 있으면 좋은 사주이다.

> 적으로 갖고 있는 사주 원국의 건축 재료는 뭔가 부족하게 될 개연성이 매우 높다.
>
> 이런 건축 재료의 부족[음양오행의 부중화(不中和)] 현상으로 인해 당사자가 원하는 좋은 집을 제때에 바로 지을 수가 없게 되는 것이다. 그런데 10년마다 순환하여 들어오는 대운(大運)에서 때맞춰 필요한 건축 재료가 보완된다면 그 기간 동안에 원하는 집을 완성할 수가 있다.
>
> 예를 들면 집을 지을 나무는 잔뜩 쌓여 있는데 이를 다듬을 쇠 공구와 주춧돌이 없는 난처한 상황에서 때마침 지나가는 손님(대운)이 자신의 쇠 공구와 석재를 10년 동안 맡겨 놓고 간다면 당사자는 그 기간 동안 어떻게든 자신의 집을 지을 수가 있다.
>
> 그러나 설상가상으로 지나가는 손님들마저 목재만 맡겨 두고 간다면 그 당사자는 집을 짓는 것은 고사하고 나무에 치여 다칠 수가 있는 것이다.
>
> 이것이 바로 사주 원국과 대운의 관계이다. 이런 건축 재료의 부족 현상, 음양오행의 부조화 현상을 타개할 수 있는 해결할 수 있는 가장 확실한 방법(소위 개운방법)은 공부(전공)·직업·배우자 등 후천적 노력 요인을 통해 보완하는 것이다. 왜냐하면 공부(전공)·직업·배우자 등도 각기 음양오행의 작용이 있는데 이들을 통해 당사자의 부족한 음양오행을 보완하는 것이다.

(1) 대운(大運)

1) 대운을 정하는 법

대운: 10년 단위, 월주(月柱)에서 시작 ☞ 춘하추동 계절의 관념이 반영되어 있다.
각 대운은 월주에서 시작하여 각각 10년간의 운을 맡아 보게 된다.

생년의 천간이 甲丙戊庚壬이면 양년(陽年), 乙丁己辛癸이면 음년(陰年)

양년생 남자는 양남(陽男), 음년생 남자는 음남(陰男)[95]
양년생 여자는 양녀(陽女), 음년생 여자는 음녀(陰女)

양남·음녀, 즉 양년생 남자와 음년생 여자는 대운이 월주(月柱)를 기점으로 60갑자가 앞으로 순행(順行)하고
음남·양녀, 즉 음년생 남자와 양년생 여자는 대운이 월주(月柱)를 기점으로 60갑자가 거꾸로 역행(逆行)한다.[96]

Ex) 월주가 戊辰일 경우
순행(양남·음녀)은 己巳, 庚午, 辛未, 壬申, 癸酉, 甲戌 등으로 60갑자가 바로 가면서,
역행(음남·양녀)은 丁卯, 丙寅, 乙丑, 甲子, 癸亥, 壬戌 등으로 60갑자가 거꾸로 가면서 대운이 온다.

Ex) 2009년(己丑) 양력 4월(戊辰) 18일(癸巳) 오전 10시(巳)에 태어난 경우

丁 癸 戊 己
巳 巳 辰 丑

☞ 생년 천간 己가 음간이므로 월주 戊辰을 기점으로 남자(음남)는 역행, 여자(음녀)는 순행한다.

역행(남자)	순행(여자)
庚 辛 壬 癸 甲 乙 丙 丁 申 酉 戌 亥 子 丑 寅 卯 ←	丙 乙 甲 癸 壬 辛 庚 己 子 亥 戌 酉 申 未 午 巳 ←

---

95) 남명(男命)은 건명(乾命), 여명(女命)은 곤명(坤命) ☞ 乾(하늘 건), 坤(땅 곤)
96) 본래 남자는 양, 여자는 음이다. 따라서 양남·음녀의 경우는 본래대로 나아가서 순행하고, 음남·양녀의 경우는 거슬러 되돌아가서 역행하는 것이다.

Ex) 1984년(甲子) 음력 윤10월(乙亥) 6일(丙寅) 오후 6시(酉)에 태어난 경우

丁 丙 乙 甲
酉 寅 亥 子

☞ 생년 천간 甲이 양간이므로 월주 乙亥를 기점으로 남자(양남)는 순행, 여자(양녀)는 역행한다.

순행(남자)	역행(여자)
癸 壬 辛 庚 己 戊 丁 丙 未 午 巳 辰 卯 寅 丑 子 ←	丁 戊 己 庚 辛 壬 癸 甲 卯 辰 巳 午 未 申 酉 戌 ←

2) 대운수(大運數) 산출법

대운수는 사주에서 대운의 주기가 바뀌는 기준 연령을 말한다. 정해진 대운이 몇 살 때부터 시작해서 몇 살까지 지속되는가를 알려준다.

순행 대운(양남·음녀): 생일로부터 다음 절입일까지 남은 날짜수[97]를 3으로 나누고(미래절),
역행 대운(음남·양녀): 지난 절입일로부터 생일까지 지나온 날짜수를 3으로 나눈다(과거절).
- 나머지가 1이면 버리고, 2이면 반올림해서 대운수에 1을 더한다.

Ex) 위 기축(己丑)[98]년생 예의 경우 양력 4월 18일 오전 10시이므로,
순행 대운(음녀)이면, 다음 절입 일시가 양력 5월 5일 오후 5시 50분으로 17

---

97) 시간도 함께 계산하는데 12시간 이상이면 하루로 본다.
98) 음년간이다. 그러므로 대운이 남자는 역행, 여자는 순행한다.
　　순행 대운의 경우는 다음 절입일인 미래절까지 남은 날짜로 계산하고, 역행 대운의 경우는 지난 절입일인 과거절로부터 지나온 날짜로 계산한다.

일 7시간 50분이 남아 있으므로(미래절),
17일을 3으로 나누면 몫은 5가 되고, 나머지는 2가 되는데 나머지 2를 반올림하므로 대운수는 6이 된다.

역행 대운(음남)이면, 지난 절입 일시가 양력 4월 5일 밤 0시 33분으로 13일 9시간 27분을 지나 왔으므로(과거절),
13일을 3으로 나누면 몫은 4가 되고, 나머지는 1이 되는데 나머지 1을 버리므로 대운수는 4가 된다.

역행(남자)	순행(여자)
己 癸 戊 己 未 巳 辰 丑 74 64 54 44 34 24 14 4 庚 辛 壬 癸 甲 乙 丙 丁 申 酉 戌 亥 子 丑 寅 卯	己 癸 戊 己 未 巳 辰 丑 76 66 56 46 36 26 16 6 丙 乙 甲 癸 壬 辛 庚 己 子 亥 戌 酉 申 未 午 巳

Ex) 위 갑자(甲子)[99]년생 예의 경우 음력 윤10월 6일(양력 11월 28일) 오후 6시(酉)이므로,

순행 대운(양남)이면, 다음 절입 일시가 양력 12월 7일 오전 7시 28분으로 8일 13시간 28분이 남아 있으므로(미래절), 13시간 28분을 1일로 보면[100] 9일이 된다.
9일을 3으로 나누면 몫은 3이 되고, 나머지는 0이다. 따라서 대운수는 3이 된다.

역행 대운(양녀)이면, 지난 절입 일시가 양력 11월 7일 오후 2시 46분으로 21일 3시간 14분을 지나 왔으므로(과거절),

---

99) 양년간이다. 그러므로 대운이 남자는 순행, 여자는 역행한다.
100) 12시간 이상이면 하루로 본다.

21일을 3으로 나누면 몫은 7이 되고, 나머지는 0이다. 따라서 대운수는 7이 된다.

순행(남자)	역행(여자)
丁　丙　乙　**甲**	丁　丙　乙　**甲**
酉　寅　亥　子	酉　寅　亥　子
73 63 53 43 33 23 13 3	77 67 57 47 37 27 17 7
癸 壬 辛 庚 己 戊 丁 丙	丁 戊 己 庚 辛 壬 癸 甲
未 午 巳 辰 卯 寅 丑 子	卯 辰 巳 午 未 申 酉 戌

☞ 대운수는 만세력의 대운 칸에서 남녀를 구분하여 표기해 놓은 숫자를 참고하면 쉽게 알 수 있다.

예를 들어 1984년 음력 윤10월 6일(양력 11월 28일) 유(酉)시에 태어난 경우, 남자의 대운수는 3이고, 여자의 대운수는 7이다. 따라서 남자는 3~12, 13~22, 23~32, 33~42세 등으로 대운이 구분되고, 여자는 7~16, 17~26, 27~36, 37~46세 등으로 대운이 구분된다.

3) 대운의 작용

① 『명리약언』 간운법(看運法)

옛날 책에서 말하기를 대운의 간지를 햇수로 나눠 관찰한다고 하면서 말하기를 상하 각 5년씩이라고도 하고, 또 운은 지지가 중요하다는 설이 있어 천간은 4, 지지는 6, 또는 천간은 3, 지지는 7의 비율로 봐야한다고 하나 실은 모두 그렇지 않다.

대운은 월주를 따라 일으키기 때문에 순행자는 월주를 기준해서 앞으로 나아가고, 역행자는 월주를 기준해서 뒤로 나아간다.

대개 월주의 干支는 한 달의 일을 같이 관장하지 천간이 상반월(上半月), 지지는 하반월(下半月)로 나누는 이치가 없다.

그러니 대운을 간지로 나눠 각각 몇 년씩을 담당한다는 말이 이치에 맞겠는가?

그러므로 간지 모두 10년을 관할하는 것이 맞다 하겠다.

간지가 비화(比和, 예 甲寅, 乙卯)하거나 상하 상생(相生, 예: 甲子, 乙亥)하면 그 힘이 같고, 천간이 지지를 극하면 천간의 힘이 지지보다 낮고, 지지가 천간을 극하면 지지의 힘이 천간보다 낮다.

간지가 모두 희용신(喜用神)이면 10년 모두 길하고, 상하가 모두 기신(忌神)이면 10년이 모두 흉하다. 干支가 하나는 희용신, 하나는 기신이면 10년 중에서 길흉이 반반씩 있을 것인데 이 이치가 가장 합당하다.

② 『삼명통회』 논대운(論大運)

대운이 천간에 있다면 지지도 아울러 함께 쓰며, 지지에 있다면 천간은 버린다. 대개 대운은 지지를 중요하게 여기므로 동방, 남방, 서방, 북방으로 간다고 구분하는 것이다. (사주에서) 용신을 상하게 하는 글자는 운에서 그것을 제압해줘야 하고, 용신을 도와주는 글자는 운에서 그것을 생해줘야 하며, 신약하면 운이 왕성하게 끌어줘야 한다.

(凡行運在干, 兼用地支之神, 在支則棄天干之物. 蓋大運重地支, 故有行東方、南方、西方、北方之辨. 損用神者, 欲運制之, 益用神者, 欲運生之, 身弱, 欲運引進旺鄉)

③ 『명리정종』

☞ 개두(蓋頭): 내가 필요한 글자(용신用神)를 대운 천간(天干)에서 극하여, 머리를 덮은 경우이다.

개두는 천간을 말하는데 사람 몸에 비유하면 천간은 머리와 같고, 지지는 팔

제5장. 사주와 운로

다리와 같으며, 지장간은 오장육부이다. 사주팔자에서 甲乙이 길신(吉神)이라면 庚辛은 흉신(凶神)이 되는데, 운에서 甲乙이 투출하고 지지로도 목운(木運)을 만나면 매우 좋은 운이지만 만약 庚辛이 투출한다면 비록 목운으로 간다 해도 복이 감소한다.

Ex) 용신이 木인데 대운이 庚寅, 辛卯, 庚申, 辛酉 등인 경우

☞ 절각(截脚)101): 내가 필요한 글자(용신)를 대운 지지(地支)에서 극하여, 다리를 자른 경우이다.

Ex) 용신이 木인데 대운이 甲申, 乙酉, 戊申, 己酉 등인 경우

☞ 동정(動靜): 천간에 투출한 오행은 동(動)하는 오행이고, 지지와 지장간은 정(靜)하는 오행이다.

그래서 천간이 지지를 극할 수 없고, 지지가 천간을 극할 수 없다는 『명리정종』의 이론이다. 따라서 천간은 천간끼리만 생극(生剋)할 수 있고 지지는 지지끼리만 생극할 수 있다. 천간이 지지를 극하는 것은 단지 약간의 놀람 줄 뿐 큰 영향력은 없다. 명과 운을 함께 볼 때도 천간은 천간끼리만 보고, 지지는 지지끼리만 봐야 한다.

Ex) 천간의 갑목(甲木)은 천간에 있는 무토(戊土)나 운에서 오는 무토는 극할 수 있지만 지지의 진(辰)이나 술(戌) 안에 들어있는 무토는 극할 수 없다. 마찬가지로 지장간의 갑목은 지장간의 무토는 극할 수 있지만 천간의 무토나 운에서 오는 무토는 극할 수 없다.

(2) 소운(小運)

대운에 들어가기 전(어린 시절)에 참고하는 운.
☞ 옛날에는 어릴 적 일찍 죽는 경우가 많았으므로 소운을 중요시했다.

산출법 ①(연해자평): 음양 불문

---

101) 『명리정종』에는 절각에 관한 언급이 없다. 그러나 개두와 대응하므로 함께 기술한다.

남자는 丙寅을 1세로 보고 무조건 순행(2세 丁卯, 3세 戊辰, 4세 己巳, 5세 庚午 …)

여자는 壬申을 1세로 보고 무조건 역행(2세 辛未, 3세 庚午, 4세 己巳, 5세 戊辰 …)

산출법 ②(삼명통회): 시주(時柱)로부터 양남음녀는 순행, 음남양녀는 역행
Ex) 시주가 己未라면

순행은 庚申(1세), 辛酉(2세), 壬戌(3세), 癸亥(4세) 등으로 바로 짚어 나가고, 역행은 戊午(1세), 丁巳(3세), 丙辰(3세), 乙卯(4세) 등으로 거꾸로 짚어 나간다.

음남(역행)	음녀(순행)
3 2 1 丙 丁 戊 辰 巳 午	5 4 3 2 1 甲 癸 壬 辛 庚 子 亥 戌 酉 申

산출법 ③(명리약언): 소운을 참고하지 않는다.

옛날 책에 대·소운이 있는데 대운(大運)이라 함은 생월에서부터 순행이나 역행하여 하나의 대운이 10년이 되는 것이고, 소운(小運)이라함은 남자는 1살을 丙寅에서부터 일으켜 순행하여 2살은 丁卯, 3살은 戊寅하는 식이고, 여자는 1살을 壬申에서 일으켜 역행하여 2살은 辛未, 3살은 庚午하는 식이다.

大運은 음·양년으로 나누어 남녀 모두 월주에서 일어나니 그 이치에 뿌리가 있고 또 사람마다 각기 다르니 길흉을 분별하기 쉬우나 만약 小運이라면 어떤 년, 어떤 월에 태어난 남녀를 막론하고 모두 丙寅이나 壬申에서부터 일으키니 그 이치가 확실치 않으므로 그 길흉을 어찌 믿을 수 있겠는가?

大運과 歲運(流年)이 있어서 이미 복잡한데 다시 여기에 小運을 더한다면 분분함이 더욱 심하고 어지러우며 미혹됨이 더욱 심할 것이므로 없애야 할 것이다.

또 옛날 책에 生時에서 小運을 일으킨다는 말이 있는데, 예를 들면 남자가 陽年 甲子時에 태어났다면 1살은 乙丑, 2살은 丙寅이며, 남자가 陰年 甲子時

에 태어났다면 1살은 癸亥, 2살은 壬戌 등의 식으로 나가고 女命은 그 반대라 하나 이것도 모두 만든 說에 불과하니 믿기에 부족하다.

― 『명리약언』 소운론(小運論)

> 어릴 적은 부모운이 가장 많이 작용하므로 오히려 부모운을 주로 참고하는 것이 좋다. 부모운이 자녀들의 운에 미치는 영향은 앞으로 날이 갈수록 더욱더 커질 개연성이 매우 높다.
>
> 1997년 외환위기와 신자유주의 정책의 부정적 영향으로 인해 우리나라도 사회계층의 양극화가 점점 심화되고 있다. 따라서 사회를 지탱하는 허리인 중산층이 감소하고 (최)상층과 하층으로만 나눠지면서 우리 사회의 건강성도 더욱 나빠지고 있다.
>
> 기득권층 자녀들의 입시와 취업, 부동산·주식 증여 등과 관련하여 각종 불법과 비리 사건들도 끊임없이 빈번하게 발생하고 있다. 이에 따라 부자와 가난의 대물림 현상도 점점 더 고착화되어가고 있어 우리 사회의 통합을 저해하면서 분열과 갈등 요인으로 작용하고 있다.

제6장. 사주명리의 꽃 — 육신·십성

왕상사수휴(旺相死囚休)
각 육신의 생극 관계 용어
정기신(精氣神)론의 명리학적 적용
육신의 기본·정편(正偏) 특성
1. 비견 — 독립·주관·자아·고집·배짱·주체성
2. 겁재 — 승부·교만·경쟁·파재·분리·적극성
3. 식신 — 풍요·연구·순수·생산·낙천·재테크
4. 상관 — 재치·언변·다재·다능·응용·재테크
5. 편재 — 투기·유통·역마·과감·활동·사교성
6. 정재 — 저축·근면·성실·정확·꼼꼼·책임감
7. 편관 — 강제·개혁·투쟁·희생·인내·권력성
8. 정관 — 도덕·보수·명예·인격·원칙·합리성
9. 편인 — 의심·직관·영감·장인·외곬·고독성
10. 정인 — 자애·육영·학문·문서·계획·자격증
  10가지 성격 요소: 십성(十星)의 특성
  육신의 길흉운

제6장. 사주명리의 꽃 — 육신·십성

육신(六神)은 육친(六親)·십성(十星)이라고도 하는데, 사주 주인공인 일간(日干)과 다른 간지(干支)와의 음양의 차이(소식)와 오행의 생극제화 관계를 가려서 부모·형제·배우자·자식과 같은 가족·혈연관계를 비롯하여 사회적 지위·명예, 인간관계, 지식·기술, 의식주·재산, 권리·의무, 수명·건강 등 인간 생활에 필요한 제반 요소들을 해석하는 것으로 사주명리학의 핵심이자 꽃이다.

☞ 육신(십성)의 주체는 반드시 일간이어야 하는 것은 아니다. 다른 글자를 중심으로도 육신(십성)을 구분할 수 있다.

육신(십성)에는 비견·겁재·식신·상관·편재·정재·편관·정관·편인·정인이 있다.
비견(比肩):나와 음양오행이 같은 것 / 겁재(劫財):나와 음양이 다르고 오행이 같은 것
식신(食神):내가 생해주고 음양이 같은 것 / 상관(傷官):내가 생해주고 음양이 다른 것
편재(偏財): 내가 극하고 음양이 같은 것 / 정재(正財): 내가 극하고 음양이 다른 것
편관(偏官): 나를 극하고 음양이 같은 것 / 정관(正官): 나를 극하고 음양이 다른 것
편인(偏印): 나를 생하고 음양이 같은 것 / 정인(正印): 나를 생하고 음양이 다른 것

<육신(십성)의 표출>

육신(六神)	십성(十星)	음양(陰陽)구분	생극(生剋)관계
나[我]	다른 간지(干支)를 중심으로도 육신(십성)을 구분할 수 있다 육신(십성)의 주체가 반드시 일간(日干)이어야 하는 것은 아니다		
비겁(比劫)	비견(比肩)	나[我]와 음양이 같다	나[我]와 같은 오행
	겁재(劫財)	나[我]와 음양이 다르다	
식상(食傷)	식신(食神)	나[我]와 음양이 같다	내[我]가 생하는 오행
	상관(傷官)	나[我]와 음양이 다르다	
재성(財星)	편재(偏財)	나[我]와 음양이 같다	내[我]가 극하는 오행
	정재(正財)	나[我]와 음양이 다르다	
관성(官星)	편관(偏官)	나[我]와 음양이 같다	나[我]를 극하는 오행
	정관(正官)	나[我]와 음양이 다르다	
인성(印星)	편인(偏印)	나[我]와 음양이 같다	나[我]를 생하는 오행
	정인(正印)	나[我]와 음양이 다르다	

Ex) 내가 甲木이라면

비견은 甲・寅, 겁재는 乙・卯, 식신은 丙・巳, 상관은 丁・午, 편재는 戊・辰・戌, 정재는 己・丑・未, 편관은 庚・申, 정관은 辛・酉, 편인은 壬・亥, 정인은 癸・子이다.

<육신(십성) 조견표>

천간\십성	비견	겁재	식신	상관	편재	정재	편관	정관	편인	정인
甲	甲寅	乙卯	丙巳	丁午	戊辰戌	己丑未	庚申	辛酉	壬亥	癸子
乙	乙卯	甲寅	丁午	丙巳	己丑未	戊辰戌	辛酉	庚申	癸子	壬亥
丙	丙巳	丁午	戊辰戌	己丑未	庚申	辛酉	壬亥	癸子	甲寅	乙卯
丁	丁午	丙巳	己丑未	戊辰戌	辛酉	庚申	癸子	壬亥	乙卯	甲寅
戊	戊辰戌	己丑未	庚申	辛酉	壬亥	癸子	甲寅	乙卯	丙巳	丁午
己	己丑未	戊辰戌	辛酉	庚申	癸子	壬亥	乙卯	甲寅	丁午	丙巳
庚	庚申	辛酉	壬亥	癸子	甲寅	乙卯	丙巳	丁午	戊辰戌	己丑未
辛	辛酉	庚申	癸子	壬亥	乙卯	甲寅	丁午	丙巳	己丑未	戊辰戌
壬	壬亥	癸子	甲寅	乙卯	丙巳	丁午	戊辰戌	己丑未	庚申	辛酉
癸	癸子	壬亥	乙卯	甲寅	丁午	丙巳	己丑未	戊辰戌	辛酉	庚申

십성을 그 특성에 따라 각기 둘씩 묶으면 비겁(比劫), 식상(食傷), 재성(財星), 관성(官星), 인성(印星)의 다섯 가지가 된다. 여기에 사주 주인공이자 나 자신인 일간(또는 육신 관계를 파악하는 중심주체)을 포함하여 육신이라 한다. 일간(육신 관계를 파악하는 중심주체)인 나[我]를 중심으로 그 관계를 배열하면 '아(我)—비겁—식상—재성—관성—인성'이 된다. 약칭해서 '아비식재관인(我比食財官印)'으로 읽는다.

아(我): 나 자신
비겁(比劫): 나와 같은 오행

식상(食傷): 내가 생하는 오행
재성(財星): 내가 극하는 오행
관성(官星): 나를 극하는 오행
인성(印星): 나를 생하는 오행

Ex) 내가 甲木이라면

비겁은 木(甲·寅, 乙·卯), 식상은 火(丙·巳, 丁·午), 재성은 土(戊·辰·戌, 己·丑·未), 관성은 金(庚·申, 辛·酉), 인성은 水(壬·亥, 癸·子)이다.

'아(일간)—비겁—식상—재성—관성—인성'은 나를 중심으로 해서 차례대로 생하는 관계이며 하나를 건너뛰면 극하는 관계이다. 육신은 일간인 나를 중심으로 보는 것이지만 다른 간지를 중심으로 볼 수도 있다.

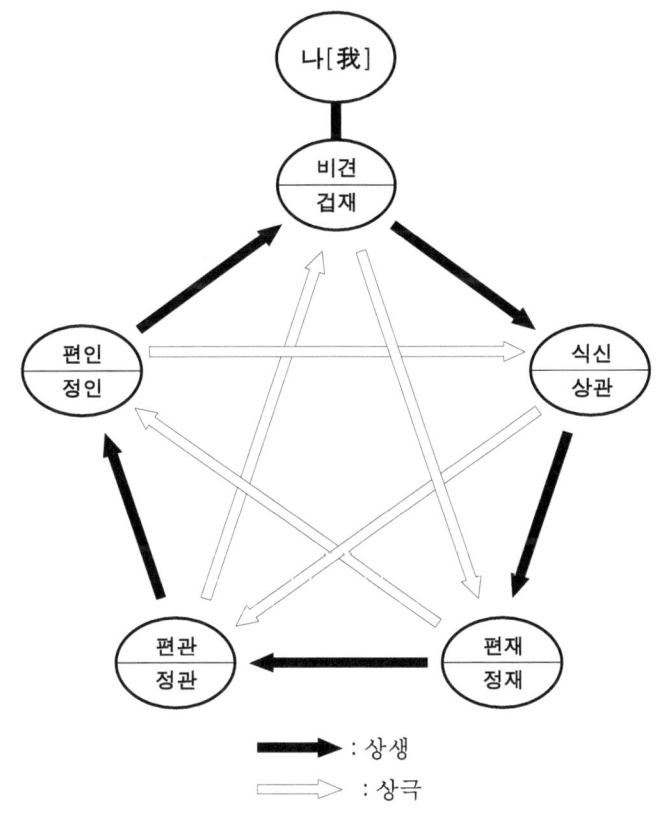

<육신(십성)의 관계도>

왕상사수휴(旺相死囚休)

육신의 비겁·식상·재성·관성·인성과 유사한 개념으로 왕상사수휴가 있다. 왕상사수휴는 계절에 따른 오행의 세력 정도를 가늠하는 말이다.

나(오행)와 같은 계절을 만나면 왕(旺), 나를 생해주는 계절을 만나면 상(相), 나를 극하는 계절을 만나면 사(死), 내가 극하는 계절을 만나면 수(囚), 내가 생해주는 계절을 만나면 휴(休)가 된다.

따라서 '왕-비겁, 상-인성, 휴-식상, 수-재성, 사-관성'의 대응관계가 성립된다. 왕상(비겁·인성)을 만나면 나의 세력이 강해지고 휴수사(식상·재성·관성)를 만나면 나의 세력이 약해지는데 사(관성)를 만나면 더욱 약해진다.

계절＼오행	木	火	土	金	水
봄(木)	왕	상	사	수	휴
여름(火)	휴	왕	상	사	수
사계(土)	수	휴	왕	상	사
가을(金)	사	수	휴	왕	상
겨울(水)	상	사	수	휴	왕

```
庚 甲 壬 壬   <건명>
午 寅 寅 辰

戊 丁 丙 乙 甲 癸
申 未 午 巳 辰 卯
```

『적천수천미』지명(知命)편에 나오는 명조이다.

춘목(春木)이며, 두 壬水가 생조하고, 연월지의 寅과 辰 사이에 卯가 끼어 있다(공협拱挾). 따라서 甲木은 매우 왕상(旺相)한 세력을 얻었다.

庚金은 계절이 봄이라 수(囚)를 만났고, 앉은 자리가 午火라서 사(死)에 자리했고, 두 壬水가 있어서 휴(休)도 만났다. 따라서 庚金 관성은 매우 쇠약한 세력을 얻었다. 따라서 용신(用神)으로 사용하기에는 부족하다.

쌀쌀한 초봄이라 火의 따뜻함도 필요한데 午火가 봄에서 상(相)을 얻었고, 계절[월주]의 연장인 대운도 火로 가므로 더욱 왕(旺)한 세력을 얻게 된다. 따라서 이 사주 주인공은 丙午대운에 이르러 10여 만의 큰 재물을 모았다.

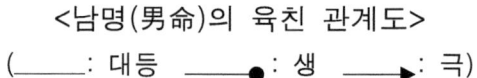

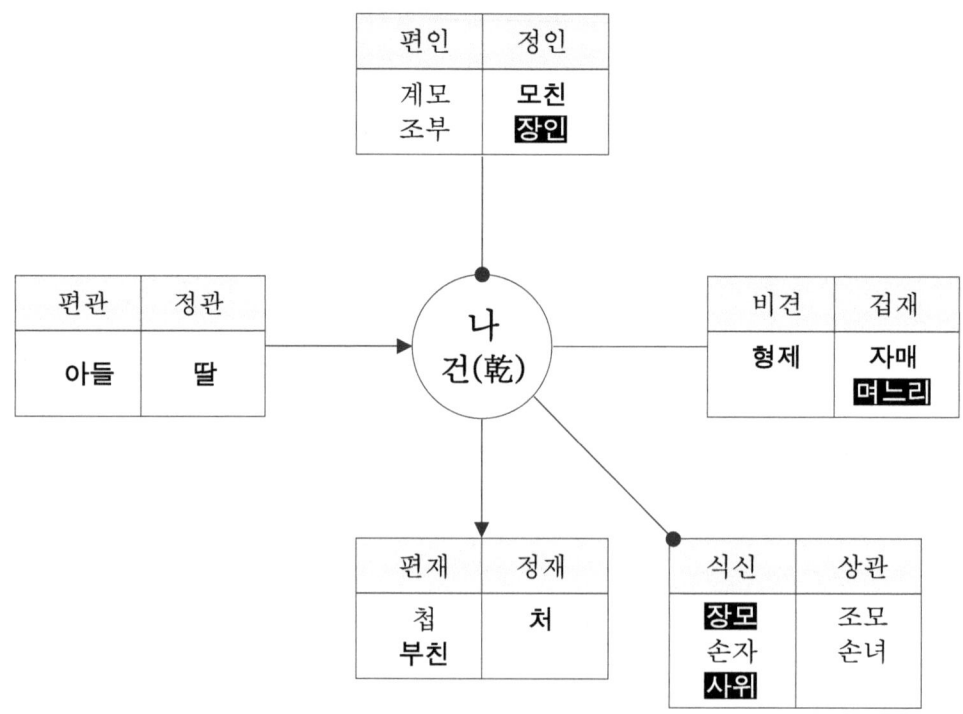

　명리학에서 육친관계는 기본적으로 모계(母系)사회를 반영하고 있다. 따라서 건명(乾命)도 가장 먼저 모친으로부터 나의 육친을 헤아려 나가는데 나를 생해주는(낳아주는) 인성이 모친이 된다. 인성(모친)을 극하는(통제하는) 재성은 부친이다. 나와 같은 비겁은 형제이다. 내가 극하는 재성은 처이다. 재성(처)이 생해주는 관성은 자식이다. 내가 극하는 재성이 부친이듯이 나를 극하는 관성이 자식이다.

　부친인 재성을 생해주는 식상은 조모이고, 식상을 극하는 인성은 조부이다. 처인 재성을 생해주는 식상은 장모이고, 식상을 극하는 인성은 장인이다. 아들인 관성이 극하는 비겁은 며느리이고, 딸인 관성을 극하는 식상은 사위이다. 또한 식상은 아들인 관성을 극하므로 손자이다.

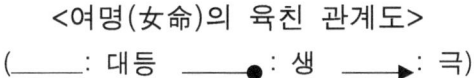

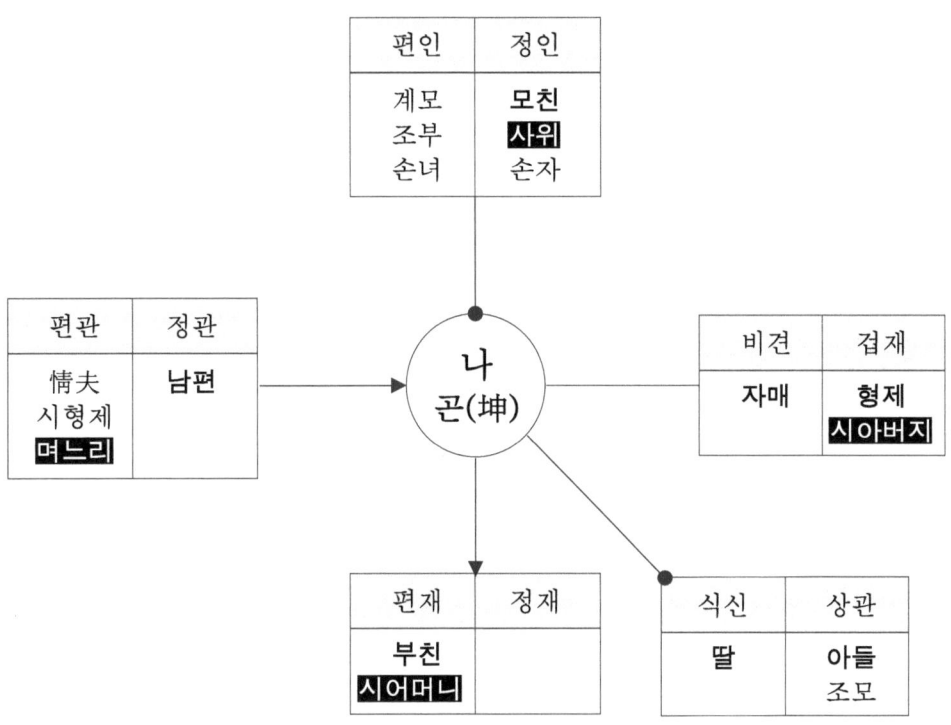

곤명(坤命)의 경우에도 가장 먼저 모친으로부터 나의 육친을 헤아려 나가는데 나를 생해주는(낳아주는) 인성이 모친이 된다. 인성(모친)을 극하는(통제하는) 재성은 부친이다. 나와 같은 비겁은 형제이다. 나를 극하는 관성은 남편이다. 나를 생해주는 인성이 모친이듯이 내가 생해주는 식상이 자식이다.

부친인 재성을 생해주는 식상은 조모이고, 식상을 극하는 인성은 조부이다. 남편인 관성을 생해주는 재성은 시어머니이고, 재성을 극하는 비겁은 시아버지이다. 아들인 식상이 극하는 관성은 며느리이고, 딸인 식상을 극하는 인성은 사위이다. 또한 인성은 아들인 식상을 극하므로 손자이다.

각 육신의 생극 관계 용어

아비식재관인(我比食財官印)

'아—비겁—식상—재성—관성—인성'은 일간인 나를 중심으로 차례대로 생하는 관계이며 하나를 건너뛰면 극하는 관계이다. 일간인 나를 중심으로 해서 보지만 경우에 따라서는 다른 간지를 중심으로 볼 수도 있다.

<생하는 관계>

1) 我生食傷(아생식상)

2) **食傷生財**(식상생재): 財物생김, 女子생김, 아내[妻]를 부조·관계원만(乾命)

3) 財生官殺(재생관살)

- **財生官**(재생관): 명예상승, 직장안정, 男子생김, 남편[夫]을 부조·관계원만(坤命)

- **財生殺**(재생살): 명예손상, 관재구설, 사업부도, 건강악화

4) 官殺生印(관살생인)

- **官印相生**(관인상생): 안정적인 점진적 변화, 직장생활 원만·안정

- **殺印相生**(살인상생): 갑작스런 획기적 변화, 기사회생(起死回生)·절처봉생(絶處逢生)

5) 印生我(인생아)

<극하는 관계>

1) 我剋財(아극재)

   財多身弱(재다신약), **得比理財**(득비리재), **群劫爭財**(군겁쟁재)

2) 財剋印(재극인) **貪財壞印**(탐재괴인) 재물(여자)을 탐하다가 인성을 파괴

3) 印剋食傷(인극식상)

- 印剋食(인극식) **倒食**(도식): 식신을 파극한다, 건강악화, 사업부도, 파산

- 印剋傷(인극상)

傷官佩印(상관패인) 왕성한 상관을 쓸모 있게 통제한다, 자격증 활용 전문가, ~사(士)

破了傷官(파료상관) 유일한 출구인 미약한 상관을 파극한다, 건강손상

4) 食傷剋官殺(식상극관살)
- 食剋殺(식극살) **食神制殺**(식신제살) 칠살을 쓸모 있는 편관으로 만들어준다, 전화위복(轉禍爲福)
- 傷剋官(상극관) **傷官見官**(상관견관) 상관이 정관을 손상시킨다, 관재구설, 직장사퇴

5) 官剋我(관극아)

정기신(精氣神)론의 명리학적 적용

『황제내경(黃帝內經)』의 정기신(精氣神) 관점을 계승한 『동의보감(東醫寶鑑)』은 사람 몸을 이루는 근본을 일관되게 '정기신' 구조로 파악하고 이를 완성하였다. 정(精)은 사람 생명의 근원이고, 기(氣)는 생명을 유지하는 원동력이며, 신(神)은 생명이 발현되는 작용으로 서로 긴밀하게 연관된다.

정에서 기가 나오고 기에서 신이 나오고 신은 다시 정의 전제가 되며 유기적으로 상응(相應)한다는 점에서 사람 생명[몸]의 '정기신' 관계는 명리학에서 사람 운명 길흉의 해석 요소인 '아비식재관인(我比食財官印)'의 육신(六神) 관계와 매우 유사한 개념과 구조를 갖고 있다.

명리학 원전(原典)들에서 정(精)과 기(氣), 정(精)과 신(神), 신(神)과 기(氣) 등을 부분적으로 언급하고 있지만 정기신(精氣神)의 관계를 체계적으로 이해하고 있지는 않다. 남송(南宋) 말 1253년에 서대승이 저술한 『자평삼명통변연원(子平三命通變淵源)』에 후대 학자들의 문집(文集)과 당시의 구결(口訣)을 더하여 1634년 명(明)의 당금지(唐錦池)가 편찬한 『연해자평(淵海子平)』에서 '성정(性情)', '정기(精氣)', '혈기(血氣)', '정신(精神)', '정신기혈(精神氣血)' 등을 다음과 같이 말하고 있다.

"성정(性情)이란 희노애락애오욕(喜怒哀樂愛惡欲)이 발하는 바이고, 인의예지신(仁義禮智信)이 펴지는 바이다. 아버지의 정기(精氣)와 어머니의 혈기(血氣)로써 형체를 이루는 것은 모두 金木水火土 오행의 관계이다."[102]

"火는 염상(炎上)이라 하고 맛은 쓰고 예(禮)를 주관한다. (…) 정신(精神)이 번쩍하고 빛나며, 말을 급하게 하며, 생각이 빠르므로 마음이 초조하다."[103]

"질병이란 정(精)·신(神)·기(氣)·혈(血)이 주관하는 바로서 각기 감상(感傷)하는 것이 있다. 안으로는 장부(臟腑)를 말하고 밖으로는

---

[102] 徐升 편, 『淵海子平評註』(臺北: 武陵出版有限公司, 1996), <論性情>, 163~164쪽, "性情者, 乃喜怒哀樂愛惡欲之所發, 仁義禮智信之所布. 父精母血而成形, 皆金木水火土之關係也."
[103] 같은 책, <論性情>, 164쪽, "火曰炎上, 味苦主禮. (…) 精神閃爍, 言語辭急, 意速心焦."

지체(肢體)를 말한다. 팔자간지 오행이 생극(生剋)하는 뜻에서 무겁게 손상되는 것을 취하여 판단한다. 오행의 간지가 태왕(太旺)하거나 불급(不及)하면 모두 병이 된다."104)

"길성(吉星)과 복성(福星)이 녹마(祿馬)에 생왕하면 정신(精神)이 온전히 필요하다. (…) 사주(四柱)가 다투고 어지러우면 인의(仁義)롭지 못하고, 오행(五行)이 상생하면 충효(忠孝)롭게 된다."105)

그 저술시기와 저술자가 명확하지 않지만 조선조 1430년(세종 12)부터 조선말까지 약 480년에 이르는 기간 동안 음양과 명과학(命課學) 전공자들의 주요 본업서이자 명과학의 필수 시험과목으로 활용되었던 『원천강오성삼명지남(袁天綱五星三命指南)』106)에서는 "무릇 水火로 되는 만물은 사람에게 정신(精神)이 되는 것이다. 그런즉 존재함에 따라 모두 온전하며 존재함에 따라 모두 있다."107)고 하였다.

명대(明代)에 유기(劉基, 1311-1375)108)가 저술했다는 명리서『적천수(滴天髓)』에 1840년대 후반 임철초(任鐵樵)가 자신의 새로운 주석과 512개의 실증 사례를 보태어서『적천수천미(滴天髓闡微)』를 지었다. 이 책에서는 정신(精神)과 정기신(精氣神)에 대해 보다 자세하게 논하고 있다.

<原文> <u>사람에게는 정(精)과 신(神)이 있으니 한쪽으로만 구해서는 안 되며, 덜어내고[神·食傷] 보태어서[精·印星] 그 중화를 이루는 데 요점이 있다.</u>109)

---

104) 같은 책, <論疾病>, 165쪽, "夫疾病者, 乃精神氣血之所主, 各有感傷. 內曰臟腑, 外曰肢體. 八字干支, 五行生剋之義, 取傷重者而斷之. 五行干支太旺不及俱病."
105) 같은 책, <愛憎賦>, 223쪽, "吉福生旺祿馬, 全要精神. (…) 四柱鬪亂兮, 不仁不義. 五行相生兮, 爲孝爲忠."
106) 7세기 초중반 당대(唐代)에 술수가로 활동했던 원천강(袁天綱)의 이름에 가탁(假託)해서 펴낸, 명리학에 조예가 있는 어느 술수가의 저술일 가능성이 매우 높다.
107) 『袁天綱五星三命指南』<發端類>·<水火不嫌死絶論>, "夫水火之爲物, 在人爲精神者是也. 然隨在皆全, 隨在皆有."
108) 유기(劉基): 원말 명초의 浙江省 靑田사람이며 자는 伯溫이고, 시호는 文成이다. 명나라의 개국공신으로 經史에 능통했고 아울러 術數에도 정통했다고 한다. 훗날 明太祖가 된 朱元璋이 그의 명성을 듣고 예를 갖춰 초빙하자 <時務十八策>을 개진해서 천하를 차지하는 계책을 올림으로써 주원장을 도와 명나라를 세우는 데 공훈을 세웠다. 명 태조 원년에 御史中丞兼太史令이 되었고 1370년 誠意伯에 봉해졌다가 이듬해 사직하였다.

<原注> 정기(精氣)와 신기(神氣)는 모두 근원이 되는 기[元氣]인데, 오행은 대체로 金水가 정기(精氣)이고, 木火는 신기(神氣)이며, 土는 그것들을 충실하게 하는 것이다. 신(神)이 넉넉하면 그 정(精)이 나타나지 않아도 정(精)이 저절로 넉넉한 경우가 있고, 정(精)이 넉넉하면 그 신(神)이 나타나지 않아도 신(神)이 저절로 넉넉한 경우가 있다. (…) 정(精)이 정(精)을 돕는데도 정(精)이 오히려 누설되어 기(氣)가 없는 경우가 있고, 신(神)이 신(神)을 돕는데도 신(神)이 오히려 쓰러져서 기(氣)가 없는 경우가 있으므로 정(精)과 신(神) 둘은 모두 기(氣)로 말미암아서 주관되는 것이다. 무릇 (精과 神) 이 모두는 한쪽으로만 구해서는 안 되고, 그 나아감과 물러섬[進退]을 덜어내거나 보태는 것이 다함께 중요하므로 지나치거나 미치지 못하는 것이 있게 해서는 안 된다.110)

<任注> 정(精)은 나를 생하는 것(印星)이고, 신(神)은 나를 극하는 것(官星)이고, 기(氣)는 본래의 기(氣)가 이어져서 넉넉한 것이다. (精과 神) 둘 중에서 정(精)을 위주로 하니, 정(精)이 넉넉하면 기(氣)가 왕성하고, 기(氣)가 왕성하면 신(神)이 왕성하다.111)

『적천수천미』가 명리서들 중에서 정신(精神), 정기(精氣), 신기(神氣), 정기신(精氣神) 등을 가장 자세히 말하고 있지만 '정기신'의 관계가 일관되게 체계적으로 설정되지는 않았으며 여전히 부정합(不整合)한 면이 있다. 하지만 그 맥락의 근저에 존재하는 의미를 통괄(統括)해보면 밑줄 친 인용문의 내용들과 같다.

그 요지를 정리하면 "정(精)과 신(神) 모두 근원이 되는 것이며 기(氣)로 말미암아 주관되는데, 기를 보태주는[생(生)하는] 정과 기를 덜어주는[설(泄)하는] 신이 모두 이어져 넉넉하고 왕성하며, 어느 한쪽으로 치우치지 않고

---

109) 劉伯溫 지음, 任鐵樵 증주, 袁樹珊 찬집, 『滴天髓闡微』(臺北: 武陵出版有限公司, 1997), <精神>, 126쪽, "人有精神, 不可以一偏求也, 要在損之益之得其中."
110) 같은 책, <精神>, 126~127쪽, "精氣神氣皆元氣也, 五行大率以金水爲精氣, 木火爲神氣, 而土所以實之者也. 有神足不見其精而精自足者, 有精足不見其神而神自足者."
111) 같은 책, <精神>, 127쪽, "精者, 生我之神也, 神者, 剋我之物也, 氣者, 本氣貫足也. 二者以精爲主, 精足則氣旺, 氣旺則神旺."

중화(中和)를 이루면 바람직하여 그 명(命)은 길하고 좋다."는 것이다.

앞에서 언급한 바와 같이 사주 주인공과 다른 간지(干支)와의 음양의 소식(消息)·소장(消長)과 오행의 생극제화(生剋制化) 관계를 가려서 부모·형제·배우자·자식과 같은 가족·혈연관계를 비롯하여 사회적 지위·명예, 인간관계, 지식·기술, 의식주·재산, 권리·의무, 수명·건강 등 인간 생활에 필요한 제반 요소들을 해석하는 것을 십성(十星)이라고 한다.

음양의 소식·소장은 천지음양이 끊임없이 들고 나며, 쇠하고 성하면서 변하는 현상을 말한다. 오행의 생극제화에서 생(生)은 인성(印星), 극(剋)은 관성(官星), 제(制)는 재성(財星), 화(化)는 식상(食傷)과 합화(合化)·충화(沖化)의 작용을 의미한다. 그리고 생(生)은 비겁(比劫)의 '조(助)' 작용도 함께 포함하여 '생조(生助)'라고도 한다.

십성을 일간인 나[我]를 중심으로 둘씩 묶어 그 관계를 배열하면 '아(我)—비겁(比劫)→식상(食傷)→재성(財星)→관성(官星)→인성(印星)'이 된다. 이를 육신(六神)이라고 하는데, 나[我]와 비겁을 중심으로 순서대로 생하는 관계이며 하나를 건너뛰면 극하는 관계이다. 육신(십성) 관계를 대개 일간인 나[我]를 중심으로 보지만 다른 간지를 중심으로 볼 수도 있다. 즉 육신(십성)의 주체는 어느 하나로 고정되어 있지 않기 때문이다.

정(精)은 기(氣)의 전제가 되고, 기는 신(神)의 전제가 되고, 신은 정(精)의 전제가 되며 유기적으로 상응한다는 점에서 사람 생명[몸]의 '정기신' 관계는 명리학에서 사람 운명(길흉)이 해서 요소인 '아비식재관인(我比食財官印)'의 육신 관계와 매우 유사한 의의와 구조를 갖는다.

그래서 나[我]를 기(氣)로 보면 '인성→나·비겁→식상'이 정-기-신의 관계가 되고, 식상을 기로 보면 '나·비겁→식상→재성'이 정-기-신의 관계가 되고, 재성을 기로 보면 '식상→

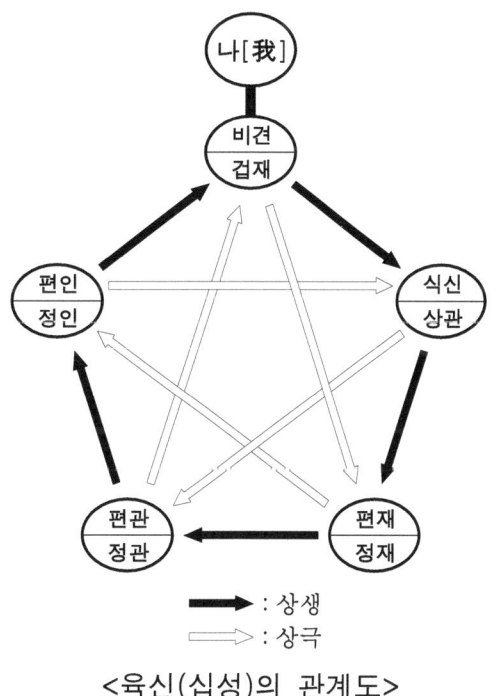

<육신(십성)의 관계도>

재성→관성'이 정-기-신의 관계가 되고, 관성을 기로 보면 '재성→관성→인성'이 정-기-신의 관계가 되고, 인성을 기로 보면 '관성→인성→나·비겁'이 정-기-신의 관계가 된다.

『적천수천미』의 임철초 주(注)에 나오는 3가지 사주 예(例)를 통해 이에 대해 보다 자세히 설명한다.

본격적인 설명에 앞서 사주 명조(命造)의 상태를 파악하는데 매우 중요한 개념인 '통근(通根)'에 대해 먼저 알아본다. '통근(通根)'이란 천간에 있는 글자가 지지에 뿌리를 내렸다는 의미이다. 예를 들어 천간에 丙火가 있는데 지지에 午火나 巳火가 있다면 통근이 된다. 寅木이 있어도 통근이 된다. 왜냐하면 寅木은 丙火의 생지(生支)이기 때문이다. 그리고 戌土가 있어도 약간의 뿌리가 되는데 戌중에 丁火가 있기 때문이다. 통근처(通根處)는 대체로 지지의 삼합(三合)과 방국(方局)이 되는 자리이다.

지지 삼합: 亥卯未(木) / 寅午戌(火) / 巳酉丑(金) / 申子辰(水)
지지 방국: 寅卯辰(木·동방·봄) / 巳午未(火·남방·여름)
申酉戌(金·서방·가을) / 亥子丑(水·북방·겨울)

<천간(오행)의 통근처>

천간(오행)	통근처	천간(오행)	통근처
甲乙(木)	卯寅亥辰未	丙丁(火)	午巳寅未戌
戊己(土)	午巳未戌(寅)辰丑	庚辛(金)	酉申戌丑(巳)
壬癸(水)	子亥申丑辰		

| 戊 丙 甲 癸
戌 寅 子 酉

戊 己 庚 辛 壬 癸
午 未 申 酉 戌 亥 | ① 인성(精): 甲·寅(木)
② **일간(氣): 丙(火)**
☞ 寅(木)이 장생지(長生支)
☞ 寅(午)戌로 午火가 공협(拱挾)
③ 식상(神): 戊·戌(土)
④ 월령: 子(水)월 | 정　　기　　신
癸 ➡ 甲 ➡ 丙 ➡ 戊
(子) (寅) (寅戌) (戌寅)
정　　기　　신 |

<예1 사주와 대운>

예1 사주를 보면, 이 사주는 甲木을 정(精)으로 삼으니 쇠약한 木이 水의 도움을 얻고 寅의 록(祿)을 만나 정(精)이 넉넉하다. 戊土를 신(神)으로 삼으니 (戊土가) 戌에 앉아 통근(通根)하고 寅과 戌이 (午火와) 그것(戊土)을 껴안으므로[공협拱挾] 신(神)이 왕성하다.

관성(官星)[癸子水]이 인성(印星)[甲寅木]을 생하고, 인성이 신(身: 日干)[丙火]을 생하며, (일간 丙火가) 장생(長生: 寅木)에 앉아 있으니 기(氣: 丙火)가 두루 이어져 유통하며, 생화(生化)하는 오행이 모두 넉넉하고, 좌우·상하의 정(情)이 화합하며 어긋나지 않았다.

(그래서) 관성(官星: 水)이 와도 막을 수 있으며, 비겁(比劫: 火)이 오면 관성이 있고, 식상(食傷: 土)이 오면 인성(印星: 木)이 있어서 동서남북의 (木火土金水)운을 모두 가더라도 괜찮으므로 일생 동안 부귀복수(富貴福壽)가 아름답다고 말할 수 있다.112)

---

112) 같은 책, <精神>, 129쪽, "此造以甲木爲精, 衰木得水滋, 而逢寅祿爲精足. 以戊土爲神, 坐戌通根, 寅戌拱之爲神旺. 官生印, 印生身, 坐下長生爲氣貫流通, 生化五行俱足, 左右上下情協不悖. 官來能擋, 刦來有官, 食來有印, 東西南北之運, 皆可行也, 所以一生富貴福壽, 可謂美矣."

| 庚 丙 乙 癸
寅 辰 卯 未

己 庚 辛 壬 癸 甲
酉 戌 亥 子 丑 寅 | ① 인성(精): 乙·卯·寅(木)
② **일간(氣): 丙(火)**
③ 식상(神): 辰·未(土)
☞ 寅卯辰 木방국(方局), 卯未 木반합(半合): 辰未가 木으로 변화, 木 태왕(太旺)
④ 월령: 卯(木)월 | 정　　기　　신
癸 ➡ 乙 ➡ 丙 ➡ 土×
(×辰) (寅卯辰未) (寅未) (×)
정　　기　　신 |

<예2 사주와 대운>

예2 사주를 보면, 이 사주는 대세(大勢)로 살펴보면 관성(官星: 癸水)과 인성(印星: 乙卯寅木)이 상생하고, 편재(偏財: 庚金)를 시(時)에서 만나고, 오행이 모자라지 않고, 사주가 순수하니 엄연한 귀격(貴格)인 듯하다. (하지만) 지지에 [정(精)인] 寅卯辰(木방국)이 전부 있으므로[木이 태왕(太旺)하여] [신(神)인] 봄의 土가 극을 당해서 모두 없어졌다.

(癸)水는 木에게 모두 누설되어 [정(精)인] 목세(木勢)가 더욱 왕성하고 [기(氣)인] (丙)火가 치열하니, 火가 치열한즉 기(氣)가 죽고, 기(氣)가 죽으면 신(神: 土)이 말라버린다. 운이 북방(水운)으로 행하자 또다시 丙火의 기(氣)가 손상되고 도리어 木의 정(精)을 도우니 평생토록 보잘것없었고 명리(名利)를 이룬 것이 없었다.113)

---

113) 같은 책, <精神>, 129~130쪽, "此造以大勢觀之, 官印相生, 偏財時遇, 五行不缺, 四柱純粹, 儼然貴格. (…) 支全寅卯辰. 春土剋盡, (…) 水之氣盡洩于木, 木之勢愈旺而火熾, 火熾則氣斃, 氣斃則神枯. 行運北方, 又傷丙火之氣, 反助取木之精, (…) 以致終身碌碌, 名利無成也."

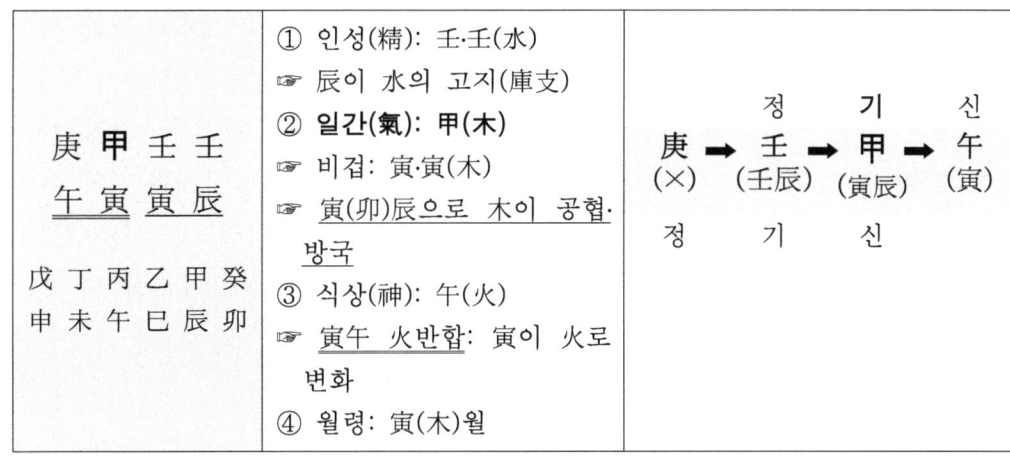

<예3 사주와 대운>

예3 사주를 보면, 이 사주는 『적천수천미』<지명(知命)>에 나오는 명조이다. 기(氣)인 甲木은 寅월의 춘목(春木)이며, 정(精)인 두 壬水가 생하여 도와주고, 연월지(年月支)의 寅과 辰 사이에 卯가 끼어 있고[공협拱挾] 木방국이 되었다. 따라서 기(氣)인 甲木은 매우 왕상(旺相)한 세력을 얻었다.

庚金(관성)은 계절이 봄이라 수(囚)를 만났고, 앉은 자리가 午火라서 사(死)에 자리했고, 두 壬水가 있어서 휴(休)도 만났다. 따라서 庚金 관성은 매우 쇠약한 세력을 얻었으므로 용신(用神)으로 하기에는 부족하다.

쌀쌀한 초봄이라 [신(神)인] 火의 따뜻함도 필요한데 午火가 일시지(日時支)의 寅午 火반합으로 힘을 얻었고, 대운도 (巳午丙丁)火운으로 가므로 [신(神)인 火가] 더욱 왕(旺)한 세력을 얻게 된다. 따라서 이 사주 주인공은 丙午대운에 이르러 10여 만의 큰 재물을 모았다.114) 그러나 예1 사주[일생동안 부귀복수(富貴福壽)가 아름다움]에 비해서는 부족함이 있다.

정리해보면 예1 사주는 정기신이 모두 넉넉하고 두루 유통하며 어느 한쪽으로 치우치지 않고 형평을 이루었으므로 일생동안 부귀복수했으나, 예2 사주는 양 끝의 정[癸]과 신[丁]이 모두 허(虛)하고 부실한 반면 乙木[정]만 매우 태과(太過)하여 사주의 정기신이 유통되지 못하고 형평을 상실했으므로 일생동안 명리(名利)를 이룬 것이 없었다. 예3 사주는 庚金[정의 정]은 허하

---

114) 같은 책, <知命>, 17~18쪽.

고 부실하나 정(精)인 壬水가 힘이 있고 본래의 기신(氣神)이 모두 힘을 얻어 넉넉하므로 丙午火[神]운일 때 10여 만의 큰 재물을 모았던 것이다.

『적천수천미』<정신(精神)>과 <지명(知命)>에 나오는 대표적 3가지 사주 예를 들어 명리학에서 사람 운명을 해석하는 요소인 '아비식재관인'의 육신 계통을 『황제내경』・『동의보감』에서 사람 생명[몸]의 '정기신' 관계와 연관시켜 재해석해보았다. 그 결과 명리학의 '아비식재관인'은 동양의학의 '정기신'과 매우 유사한 계통적 구조를 갖는다는 사실을 알 수 있다.

이 장 첫머리의 표 <육신(십성)의 표출>과 그림 <육신(십성)의 관계도>에서 관성[氣]이 인성[神]으로부터 설기(泄氣)를 많이 당하여 무력한데 재성[精]마저 없거나 허약하면 관성은 고립무원(孤立無援)이 되어 여성은 남편・직장・명예 인연이 좋지 않으며 남성은 직장・명예・자식 인연이 좋지 않게 되는 고관무보(孤官無輔)의 경우도 동양의학의 정기신으로 해석할 수 있다.

일간[氣]이 허약한데 상관[神]이 왕성하면 마땅하지 않은데 인성[精]이 힘이 있고 넉넉하면 일간의 기를 생해주고 상관의 신을 극하여서 정기신의 균형을 회복하도록 도와주는 상관패인(傷官佩印)의 경우도 정기신 구조로 해석할 수 있다.

명리학은 사람[人]이 태어날 때 하늘[天地자연]로부터 품부(稟賦)받은 기(氣)의 혼명(昏明)・청탁(淸濁)・후박(厚薄) 등에 따라 부귀・빈천・요수(夭壽)・현우(賢愚) 등 운명의 길흉화복의 대강이 정해진다고 본다. 그런즉 사람 생명의 근원이고 몸을 구성하는 가장 기본적 물질인 정(精)을 바탕으로 기(氣)가 원활하게 흐르고, 기의 작용을 통해 발현되는 신(神)이 상하지 않고 안정되면 병에 걸리지 않고 건강하듯이 명리학에서 운명의 길흉을 해석하는 요소인 '아비식재관인'의 육신도 두루 이어져 유통하고 넉넉하면 부귀복수를 누리는 길한 명이 되는 것이다.

지금까지 살펴본 바와 같이 정은 기의 전제가 되고, 기는 신의 전제가 되고, 신은 정의 전제가 되면서 유기적으로 상응하는 동양의학의 '정기신'은 사람 운명을 추론하는 명리학의 '아비식재관인' 육신 계통과 연관을 지어 적용될 수 있다.

육신의 기본·정편(正偏) 특성

일간과 비겁으로부터 출력되는 식상·재성은 자율적·적극적·능동적 성향을 띠고, 일간과 비겁으로 입력되는 관성·인성은 타율적·소극적·수동적 성향을 띠는 경우가 많다. 그리고 육신(십성)의 특성은 각 육신의 기본 특성에 정·편성의 특징이 합해져서 나타나는 것이다.

<육신의 기본 특성>

비겁		식상	재성	관성	인성
신약	조력 동업	창조(혁신)[115] 개혁	통제(관리) 재물	직장(조직) 법률·제도	생각(영감) 계획
신강	분리 경쟁	개발 생산	현실 행동	권력 책임	공부 종교
추진력 조직력		표현력 연구력 창의성 재테크 순일(식신) 다양(상관)	실천력 활동성(역마) 재물보관(금고) 결실·성과·마무리 안정(정재) 모험(편재)	임무수행 권위·명예 재물보호 (은행경비) 합리(정관) 냉엄(편관)	준비성 학문성 후견인 장래계획 미래대비 오늘보다 내일
주체적 자아·고집 독립적 경쟁적		출력(Output) 양적(陽的) 능동적 자율적 적극적 진취적 개혁적		입력(Input) 음적(陰的) 수동적 타율적 소극적 전통적 보수적	

---

115) 기존 틀을 깨야 새롭게 창조할 수 있으므로

십성은 정성(正星)과 편성(偏星)으로 구분될 수 있다. 정성은 음양이 고르게 조화된 것이고, 편성은 음양이 한쪽으로 치우쳐 편중된 것이다. 따라서 그 작용도 정성은 순조롭고 절차를 중시하지만 편성은 억지스럽고 목표달성 위주이다.

정성: 비견, 식신, 정재, 정관, 정인
편성: 겁재, 상관, 편재, 편관, 편인

* 본래 음양상으로는 비견·식신이 편성, 겁재·상관이 정성이지만
  실제 작용상으로는 비견·식신을 정성, 겁재·상관을 편성으로 본다.

壬午·癸巳를 재관쌍미(財官雙美)116)라고 부르며 귀하게 여기는 바와 같이 명리학에서는 전통적으로 부귀와 복록의 상징으로 정재와 정관을 유달리 중시하였다. 이에 따라 겁재는 정재를 겁탈하고, 상관은 정관을 손상시킨다는 흉한 의미가 있으므로 원래는 정성인 겁재와 상관을 실제로는 편성으로 분류해 사용해왔다.

정성이 어른 말과 규칙을 잘 따르는 모범생이라면, 편성은 자기 뜻대로 하려는 반항적인 문제아이다. 그러나 편성은
① 두뇌 회전이 빠르다(머리 비상) ② 행동과 실천이 민첩하다(신속 대응)
③ 상황 판단이 예리하다(눈치 빠름) ④ 모험가와 승부사 기질(프로정신)
⑤ 상황 대처능력이 뛰어나다(위기 관리능력) ⑥ 개척정신, 도전정신(선구자)
⑦ 평상시에는 문제아, 위기상황에서는 앞장서서 해결한다(해결사)

---

116) 뒤의 신살(神殺)편에서 다룬다.

<육신의 정편(正偏) 특성>

정성	육신	편성
비견	비겁	겁재
남 생각도 하며 돕는다 배려심도 있다 선의의 경쟁 자기주장 일관 언행일치	조력 동업 경쟁 주장 분리	겁재 뜻대로 돕는다 겁탈심이 더 크다 치열한 경쟁 상황에 따라 대처 내 욕심이 우선(언행 불일치)
식신	식상	상관
순일한 표현 합리적 변화 한 가지에 집중 현실적 생산 융통성 결여	표현 창조 연구 생산 재테크	다양한 표현 과감한 변화 이것저것 간여(干與) 엉뚱한 생산 임기응변
정재	재성	편재
합리적 행동 저축성 재물 안정적, 계획적 곧이곧대로 활동무대가 좁다	행동 재물 결실 성과 현실	과감한 행동 투기성 재물 충동적, 즉흥적 사교성, 융통성(로비) 활동무대가 넓다
정관	관성	편관
행정적 조직 합리적·객관적 책임 준법정신 이성적 권위 온건하고 공정	조직 책임 명예 권위 규율	정치적 조직 비합리적·주관적 책임 자신이 먼저 희생 카리스마 냉엄하고 독재적
정인	인성	편인
남들도 인정하는 공부 제도권 학문 공인된 일반 자격·재능 계획적 준비 편인처럼 직관·영감이 발달했으나 두루 수용	공부 학문 자격 준비 수용	내가 하고 싶은 공부 비주류 학문 남다른 특수 자격·재능 즉흥적 준비 자신이 좋아하는 것에는 몰두, 그 외는 방관, 기발한 수용

1. 비견 — 독립·주관·자아·고집·배짱·주체성

비견(比肩)은 나와 어깨를 나란히 한다는 뜻이다.
비견(比肩)은 일간과 오행은 물론 음양도 같은 것 — 비아자(比我者)
형제·자매·친구·직장동료·선후배·동창생·동업자·거래인·이웃사촌·친목회원.
독립정신이나 분리 의지가 강하여 다른 사람을 의식하지 않고 자기 마음대로 행동한다.
자기주장을 내세우는 고집이 강하고 다른 사람에게 굽히지 않는다.
이로 인하여 다른 사람과 불화와 논쟁을 일으키거나 비방을 받기 쉽다.
자존심이 강하고 다른 사람에게 지배를 당하기 싫어하며, 남에게 의지하지 않으려는 성격으로 과감한 행동을 잘하며, 결단력·추진력이 있다. 자기가 하기 싫은 일은 절대로 하지 않는다.

<이병철 삼성그룹 창업주> 1910년생, 8대운

壬 戊 戊 庚
子 申 寅 戌

<비견의 작용>

일간이 신약하면 일간을 도와서 식재관(食財官)을 함께 다루고, 일간이 신강하면 식재관의 복덕을 분리한다. 그러므로 비견은 일간에게 힘을 보태는 조력자로 작용하는지, 일간의 복덕을 나누는 분탈자로 작용하는지를 먼저 관찰해야 된다.

비견은 다른 육신에 대한 일간의 대응능력으로 명조에 비견이 없다면 외부의 공격에 대응할 수 있는 능력이 부족한 것이 되니 의타적 성향을 갖게 된다. 또한 관살의 공격에 대처하기 어렵게 되며 재성을 통제 하지 못하니 현실에 대한 적응능력 또한 부족하게 된다. 하지만 비견이 강하여 오히려 피해로 작용한다면 식재관의 복덕이 타인에게 간다.

비견의 작용이 적당하여 일간을 돕는 구조라면 명조의 귀인으로 작용하게 되니 살의 공격으로부터 일간을 대신하게 되며 재를 조절하여 일간의 현실

생활을 안정시킨다.

　관성(官星)이 없는 비견의 주체성은 고집이나 교만으로 보이게 된다. 비견은 조직을 결성하는 능력을 갖추고 있으며 일에 대한 추진력의 바탕이 되기도 한다. 하지만 비견이 충을 맞으면 조직이나 단체에 잘 융화되지 못하여 겉돌게 되기 쉽고 비견이 합을 이루게 되면 주체성이 변질되어 대상을 의심하는 성향이 발현되니 의처증·의부증으로 나타나기도 한다.

<사주첩경 저자, 이석영 선생> 1920년생, 5대운

辛 壬 壬 庚
丑 子 午 申

2. 겁재 — 승부·교만·경쟁·파재·분리·적극성

겁재(劫財)는 일간과 오행은 같으나 음양이 다른 것.
형제 중에서도 남자는 누나·여동생, 여자는 오빠와 남동생, 이복형제·경쟁자·라이벌.
비견과 마찬가지로 친구·직장동료·선후배·동창생·동업자·거래인·이웃사촌·동네사람·친목회원 등으로 보지만 비견에 비해 자신만의 욕심을 채우려는 경향이 강하다.
정재(正財)를 파극시키므로 나의 財(재산, 남명의 경우 처)를 빼앗아간다 — 파재(破財)
여명의 경우 남편의 애인이나 첩. 남명의 경우 처의 애인
비견에 비해 흉함이 많고, 강제성을 띤 형태로 나타난다 — 채권자·사기·협박·손재·불화·배신·투쟁·부도·강도·깡패.
특히 양일간(陽日干)이 지지에 겁재가 있으면 양인(羊刃)
甲-卯, 丙·戊-午, 庚-酉, 壬-子
양인은 칼을 손에 쥔 것이므로 성격이 강포(强暴)하다.
독선적·권위적·자기본위적 성격 더욱 강화, 추진력·배짱이 두둑하다.
교만·불손·폭력·투쟁·강압적인 면이 강하고, 야심과 포부가 지나쳐 투기

를 좋아하며, 요행을 믿다가 금전손실은 물론 가정과 직장을 파탄시킨다. 끊고 맺음이 분명하고, 카리스마적 통솔을 좋아하며 리더십과 결단성이 뛰어나다. 남에게 지기를 싫어하고 승부기질이 강하다. 투기나 도박 등 요행을 바라는 횡재수를 좋아한다.

<박태준 포항제철 설립자> 1927년생, 5대운

戊 辛 庚 丁
子 卯 戌 卯

<박지원 국민의당 前당대표> 1942년생, 1대운

丙 丁 乙 壬
午 亥 巳 午

<겁재의 작용>

비견과 같이 일간을 돕는 기운이 되나 전적으로 일간을 돕지 않는다. 만약 일간이 겁재에 뿌리를 두고 있고 천간에 겁재가 투출하지 않았다면 일간의 뿌리로 작용하게 되겠지만 겁재가 천간에 드러나게 되면 일간의 뿌리로 작용하던 기운이 겁재의 뿌리로 변하게 되어 일간을 도와주지 않게 된다. 그러므로 겁재는 일간이 약하여 비겁(比劫)의 도움을 요구하는 상황이 되더라도 겁재는 힘을 돕는 기운보다 분리하려는 기운이 강하게 작용하게 된다.

겁재의 작용 중 가장 두드러진 것은 정재를 탈취하는 것이 된다. 정재를 탈취한다는 것은 일간의 정당한 소유, 당연한 것으로 받아 들여지는 현실이나 환경을 겁탈하는 것을 말한다. 즉 자신의 의도와는 상관없이 친구나 동료 형제들로부터 재물·처에 대한 분리가 일어나게 되는 것을 말한다.

<의처증 남편> 1961년생, 4대운

乙 庚 癸 辛
酉 戌 巳 丑

3. 식신 — 풍요·연구·순수·생산·낙천·재테크

식신(食神)은 일간이 생하는 오행으로서 음양이 같은 것.
여명에게는 자식, 남녀 모두에게 의식주 등 생활에 필요한 재물을 얻는 정신·육체·경제활동.
일간을 공격하는 칠살(七殺, 편관)을 극제(剋制)하여 나의 생명을 지켜준다는 뜻으로 수성(壽星).
인체의 생명을 유지하기 위한 영양공급원-태양·공기·물·불·흙·곡식·연료·음식, 입·식도·유방·자궁·생식기.
교육·예술·문화·복지사업, 의식주 관련업, 연구직.
온화하고 편안한 성격, 낙천주의자, 의식주의 풍요로움, 문학적 소질과 예술적 감각, 탐미주의, 창의성, 표현력, 결단성·과감성 부족, 우유부단.
* 식신이 녹마(祿馬: 건록·재성)에 올라타면 반드시 부호가 되고 공명을 세운다.[117]

<정주영 현대그룹 창업주> 1915년생, 6대운
丁(丙) 庚 丁 乙
丑(戌) 申 亥 卯

<식신의 작용>

식신의 기본적인 작용은 크게 두 가지가 되는데, 하나는 생재(生財)하는 것이고 다른 하나는 제살(制殺)하여 칠살로부터 일간을 보호하는 것이라 할 수 있다. 생재하는 것이나 제살하는 것이나 모두 적극적으로 일간을 표현하는 것이 된다. 결국 식신의 주된 작용은 일간의 뜻이나 의지를 밖으로 표출히는 것이다.

식신은 일간의 기운을 계승하여 밖으로 표출하는 작용이 어떻게 일어나는지를 중심으로 관찰해야 하는데 일간이 강하고 식신이 유기(有氣)하다면 주변의 여건에 상관하지 않고 자신의 기호나 취미에 맞춰 실천하며 여유롭고 서두르지 않는 성향을 갖게 된다. 하지만 일간이 약하면서 식상(食傷)이 혼잡되었다면 일관성을 잃고 다변적인 성향을 나타내게 된다.

---
117) 『袁天綱五星三命指南』<食神類>, "若遇食神騎祿馬, 必居豪富立功名."

4. 상관 — 재치·언변·다재·다능·응용·재테크

상관(傷官)은 일간이 생하는 오행으로서 음양이 다른 것.
상관이란 이름처럼 정관(正官)을 손상: 정관은 남자에게는 자식·직장·명예, 여자에게는 남편·직장·명예.
관찰력·추리력·연구력·응용력·표현력·다재다능, 예술적 재능, 기예(기술), 뛰어난 언변·화술, 기회 포착 능숙.
반항기질, 관재구설·시비·송사(訟事), 교육·예술·방송·연예.
머리 총명, 재능과 계략이 특출, 매사에 비판적이거나 반항적, 변덕스런 기질.

<상관의 작용>

상관이란 이름처럼 상관은 정관(正官)을 무시하고 일간의 기운을 멋대로 분출하는 것이 되니(상관견관 傷官見官) 순발력이나 응용력, 대처능력, 임기응변이 뛰어나다. 그러나 통제가 되지 않으면 어디로 튈지 알 수 없으므로 길이 흉을 부르는 상황이 전개된다.
상관은 인성으로 제화를 하는 방법(상관패인 傷官佩印)과 재성으로 순화하는 방법(상관생재 傷官生財)이 있는데 일간의 강약을 먼저 관찰하여야 한다.
일간이 약하고 상관이 강하면 인성을 우선 써서 상관을 조절해야 한다. 이 경우 재성을 쓴다면 일간이 더욱 힘들게 된다. — 상관패인
일간이 강하고 상관이 약하면 재성을 써야 순조롭다. 이 경우 인성은 상관생재하는데 걸림이 된다. — 상관생재

庚 壬 己 庚 <곤명> 1960년생
子 寅 卯 子

73 63 53 43 33 23 13 3
辛 壬 癸 甲 乙 丙 丁 戊
未 申 酉 戌 亥 子 丑 寅

여자 개인택시기사, 4년제 대학교 국문과를 졸업했으나 20대 후반부터 택시기사를 하고 있다.

첫사랑의 남자가 있었으나 갑자기 죽어서 그때부터 지금까지 독신이다.
고집불통에 고지식하며 자신이 옳다고 여기는 것에 대한 주장이 매우 강하다.
착하고 동정심이 많아 어려운 남자후배를 도와주다가 돈을 떼이기도 했다(44세 癸未년). 외모는 마른편이고 남성적으로 생겼다.
불교공부를 많이 하였고 불심도 깊다. 주로 스님들을 예약해서 태우고 다닌다. 사람됨이 순수하여 때로는 스님들을 깍듯이 잘 모시다가도 아니다 싶을 때는 직설적인 표현도 과감히 한다.
본인도 자신이 괴팍한 성격임을 깨달아서 사람들과 융화하려 애쓰나 타인들은 이구동성으로 사람은 착하고 좋은데 성격이 유별나다고 평가한다.

5. 편재 ― 투기·유통·역마·과감·활동·사교성

편재(偏財)는 일간이 극하는 오행으로서 음양이 같은 것.
남자에게는 아버지와 첩·애인, 여자에게는 아버지와 시어머니.
정상적인 이익을 초과하여 챙기는 재물, 뜻밖의 횡재, 편법(도박·투기·뇌물)에 의해 취득한 재물.
아이디어와 활동력이 뛰어나며, 대인관계와 사교 능력이 뛰어나 사업에 수완이 있다. 성실한 노력의 대가가 아닌 일확천금을 노리거나 비정상적인 재화를 탐내려는 경향. 그러나 낭비도 심해 자기가 선호하는 것에는 금전을 아낄 줄 모르는 경향도 있다.
활동성, 분주, 활발, 외국, 영업, 사교성 등 역마(驛馬)의 성향을 갖고 있다.
편재는 카리스마 있는 수완가 ― 이병철 사주의 시주
금전을 잘 유통시키며 철저한 계산과 분명한 판단력으로 대중을 휘어잡는다.
영웅적인 기질이 있어 대범한 것을 좋아하며 작은 것은 신경 쓰지 않는다.
정재와 달리 처음에는 늦으나 마지막 승부에 강하다.

乙 癸 庚 甲　<건명> 1954년생
卯 卯 午 午

77 67 57 47 37 27 17 7
戊 丁 丙 乙 甲 癸 壬 辛
寅 丑 子 亥 戌 酉 申 未

부산 구포 바닷가 태생, 부산 동의대학교 기계공학과 졸업
대우조선 입사(옥포조선소 근무)
乙亥대운 52세 乙酉(2005)년 중풍으로 쓰러짐
중풍이 거의 나아서 계속 근무하다가
丙子대운 57세 庚寅(2010)년 이사로 퇴직
현재 재산 100억대 이상, 슬하에 1남 1녀, 부인(丁酉생)

6. 정재 — 저축·근면·성실·정확·꼼꼼·책임감

정재(正財)는 일간이 극하는 오행으로서 음양이 다른 것.
남자에게는 처.
의식주 생활을 위해 성실하게 노력한 대가, 월급, 정당한 이윤, 근검절약, 신용·책임.
정당한 노력으로 얻어진 재물과 같이 도덕적이고 정의로우며, 성실하게 일하고 검소하며 저축심이 꾸준한 성향. 항상 원칙대로 살고자 노력하며 가정을 평탄하게 유지하고 직장을 천직으로 생각하면서 안정(安定)을 중시한다.

辛 丁 庚 癸   <건명> 1943년생
丑 未 申 未

73 63 53 43 33 23 13 3
壬 癸 甲 乙 丙 丁 戊 己
子 丑 寅 卯 辰 巳 午 未

특수기계 제작업, 재산이 엄청 많다. 그러나 구두쇠
癸丑대운 67세 己丑(2009)년에 17살 연하(庚子생)의 애인이 생겼다.
己丑년에 교통사고를 당한 부하 직원의 처가 애인이다.

<재성의 작용>
 내가 튼튼해야 처재(妻財)를 다스릴 수 있고 내가 쇠약하면 재복을 누릴 수 없다. 재다신약(財多身弱)하면 운에서 일간을 생조할 때 부를 누린다. 그렇지 않으면 재가 많아도 복이 되지 못한다. 그러므로 재다신약한 것을 가리켜 부옥빈인(富屋貧人)이라고 했으니 이런 부옥빈인은 주로 은행이나 상점에서 금전의 출납을 맡게 된다.
 재는 정재·편재를 막론하고 반드시 일간이 강해야 재를 감당할 수 있다. 재가 왕한 사람은 일간의 건록이 지지에 있으면서 녹이 충을 받지 않으면 반드시 부유하게 된다.(신왕재왕 身旺財旺) 반대로 양인·겁재가 있어 신왕한데 재가 있다면 반드시 식상(食傷)이 있어 통관(通關)시켜야 한다.

7. 편관 ― 강제·개혁·투쟁·희생·인내·권력성

편관(偏官)은 일간을 극하는 오행으로서 음양이 같은 것.
남자에게는 자식, 여자에게는 남자친구·애인

칠살(七殺): 천간이나 지지 모두 일곱 번째는 상극작용을 하므로.
강직·투쟁심·의협심·권위·군인·경찰·법관·검사·정치인·깡패·재난·형액.
의협심과 모험심이 강하다. 영웅 심리와 카리스마적 심리, 언행이 조급하고 의리를 지나치게 주장하는 강직한 성격, 배짱과 담력을 갖는다.

<편관의 작용>
 편관은 일간이 감당하지 못하면 살(殺)로 작용하게 되며(칠살), 일간이 감당하여 대응할 수 있을 때는 편관이라 한다.
 일간이 강하고 편관이 하나밖에 없으면 편관을 제압하지 않아도 된다. 편관이 강한 일간을 다스리는데 편관이 제압·합화되어 무력해지면 오히려 비겁이 난동을 부리므로 매우 불리하다. 그러므로 편관이라고 무조건 나쁘다고 판단하면 안 된다.

일간이 약하다면 편관은 칠살로 작용하므로 편관이 하나이든 많든 관계없이 식신으로 칠살을 제압하든지 겁재(양인)나 상관으로 칠살을 합(合)하든지 인성으로 칠살을 화(化)해야 한다. 따라서 칠살을 조절하는 방법에는 제살(制殺)·합살(合殺)·화살(化殺)이 있다.

제살(制殺)은 식신(食神)으로 살의 작용을 적극적으로 견제하고 조절하여 일간을 보호하는 것으로 일간이 강해야 하는 것을 원칙으로 한다. 상관에 의한 제살은 큰 효과를 기대하기는 어렵다. 식상에 의해 통제 받는 칠살을 일간 입장에서 보면 적극적으로 칠살이 만든 환경이나 조건에 대항하고 극복하는 것을 말한다. ― 식신제살·상관제살

제살에 의한 편관의 작용은 난세의 영웅과 같은 것으로 현실의 조건이나 상황이 어렵고 힘들수록 능력이 더욱 빛나게 된다. 하지만 평범한 상황이나 조건에서는 오히려 질서를 어지럽히거나 탈법적 행동을 하기 쉽다. 반체제운동가, 환경운동가, 군인, 경찰, 법관, 살업(殺業) 등의 직업이 많다.

합살(合殺)하는 것은 살을 합하여 작용력을 묶어놓는 것으로 양간은 겁재(劫財)로 합살이 이루어지며, 음간은 상관(傷官)에 의해 합살이 이루어지게 된다. 합살은 상황대처능력이 뛰어난 것으로 주변의 여건이나 상황을 이용하는 것을 말하는데 양간의 합살보다 음간의 합살이 대외적 적응능력이나 활용이 더욱 적극적이라 할 수 있다. 외교, 참모, 정치, 무역, 로비스트 등의 직업이 많다. ― 겁재합살(양간)·상관합살(음간)

화살(化殺)은 인성(印星)에 의해 살의 기운을 순화시키는 것으로 제살하여 살을 다루는 것만큼 속도 면에서 빠르지 못하기 때문에 신속한 작용력을 기대하기는 어려우나 장기적인 면에선 오히려 인성으로 순화하는 것이 효과적이 된다. 일간이 뿌리가 있어 약하지 않아야 하며 양간은 편인, 음간은 정인이 있어야 제대로 작용할 수 있게 된다. 살을 제압하는데 시간이 걸리므로 서두르거나 조급하여 인내하지 못한다면 뜻을 이루기 어렵다. 이러한 성향 때문에 대체적으로 늦게 발복되며 점진적인 신분상승이 이루어지나 안정적이고 지속적이라 할 수 있다. 대기만성형의 지도자가 많다. ― 살인상생(殺印相生)

<영화배우 전도연> 1973년생, 8대운

丙 戊 甲 癸
辰 寅 寅 丑

8. 정관(正官) — 도덕·보수·명예·인격·원칙·합리성

정관(正官)은 일간을 극하는 오행으로서 음양이 다른 것.
남자에게는 자식·명예·직장, 여자에게는 남편·명예·직장.
품위와 인격이 잘 갖추어져 있고, 자비와 도덕심이 강하며, 권위를 갖춘 군자(君子), 명예와 질서 존중, 공정한 일처리, 융통성 부족, 고지식하고 보수적·수동적 성향.
따라서 새로운 것의 창조가 아니라 기존 것을 유지하는데서 안정감을 느낀다. — 보수(保守)·안정
정관은 일간을 통제하여 일정한 틀에 맞는 모습으로 규정지으려 하는 성향을 갖게 되는데, 명조에 관성이 없다는 것은 일정한 규율이나 틀에 얽매이는 것을 싫어하는 특성을 갖는다.

壬 甲 己 丁 <곤명> 1977년생
申 午 酉 巳

71 61 51 41 31 21 11 1
丁 丙 乙 甲 癸 壬 辛 庚
巳 辰 卯 寅 丑 子 亥 戌

부산 구포 출생, 1남 1녀 중 장녀, 초등학교 때 부모가 이혼했다.
이혼 후 엄마는 집 나가고, 부친은 마약 사범으로 교도소를 20년가량 들락날락하다가 2010년(庚寅)에 교도소에서 많이 아프다고 가족들이 데려가라고 해서 출소했는데 금방 사망했다.
남매가 국가에서 주는 보조비로 생활하면서도 학교에서는 항상 우등생으로 초중고 계속 반에서 1~2등 수준. 뒤늦게 엄마가 생활비, 교육비를 지원해줬다.

경희대 간호학과 졸업 후 경희대 병원에 2년간 근무하다가 다시 의과대학 진학, 의대 졸업 후 현재 안과병원에서 과장으로 재직 중이다.
남편은 한의사로서 한의원 개원해서 잘 살고 있다.

<남편> 1978년생, 2대운

戊 辛 甲 戊
子 酉 寅 午

9. 편인 — 의심 · 직관 · 영감 · 장인 · 외곬 · 고독성

편인(偏印)은 일간을 생해주는 오행으로서 음양이 같은 것.
남녀 모두 계모 · 할아버지.
불평불만이나 의심이 많아서 주위사람들과 친하게 지내기 힘든 고독한 성향.
남다른 취향, 자신이 좋아하는 일에는 외곬으로 매진하는 장인(匠人) 정신도 강하다.
일명 효신(梟神) · 도식(倒食), 효신이란 올빼미를 말하는데 올빼미는 야행성, 새끼를 잡아먹고 부모에게 불효하는 새라는 뜻.
도식이란 밥그릇을 엎는다는 뜻. 인체의 생명을 유지하기 위한 영양공급원인 식신을 파극하고, 내 재산과 처를 겁탈하는 겁재의 작용을 돕는다는 뜻.
식신은 능히 칠살을 제압하고 재를 생하여 양명(養命)을 하는 것인데 편인을 만나면 편인이 식신을 파극(破剋)하므로 식신은 편인을 가장 두려워한다. 그러나 편인이라고 해서 무조건 나쁘다고 판단하면 안 된다. 일간이 약할 경우는 일간의 의지처가 된다.

癸 壬 庚 庚   <건명> 1960년생
卯 申 辰 子

77 67 57 47 37 27 17 7
戊 丁 丙 乙 甲 癸 壬 辛
子 亥 戌 酉 申 未 午 巳

군청·면사무소 임시직으로 들락날락, 지금은 그나마도 없다.
아직 미혼, 연애 경험도 없다. 형 명의의 시골집(경남 통영)에서 혼자 기거.
둘째 부인의 3남매 중 막내, 각막수술, 손목·발목·어깨 관절염.
차비만 있으면 잘 돌아다닌다, 전국에 아는 사람도 많다. 남의 부탁을 거절하지 못한다.

10. 정인 — 자애·육영·학문·문서·계획·자격증

정인(正印)은 일간을 생해주는 오행으로서 음양이 다른 것.
나의 근원·뿌리·씨앗·어머니·스승·학문·학자·책·문서·도장·서류·인허가(認許可)·자격증(라이선스).
매사에 계획과 설계는 좋으나 실천력이 약하고 행동이 느리거나 게으른 성향. 이론적·훈계적 자세.
어머니처럼 자애(慈愛)하고 인자로운 성품이 있다.
정인은 일간의 생기(生氣)가 되며 상관을 극제하여 상관이 감히 정관을 해치지 못하게 한다. 인성이 약하거나 다치게 되면 명분이나 자존심을 지키는 부분에서 문제가 발생하게 되며 특히 탐재괴인(貪財壞印)이 된다면 뇌물이나 여자문제로 인해 교육자·학자로서 불명예를 입게 된다.

<인성의 작용>

① 관살의 기운을 빼내어 일간을 돕는다 – 일간이 약하고 관살이 많으면 일간은 극함을 감당하지 못한다. 그러므로 인성에 의지하게 된다.
  예컨대 일간이 쇠약하고 관살이 매우 강하면 필히 정인과 편인에 의지하여 관살의 기운을 뽑아 일간을 도와야 한다. 이것은 통관(通關)의 법칙이다. 그러므로 신약하고 관살이 많을 때는 인성을 용신으로 하는 것이 좋다.
  하지만 일간이 강하고 관성의 역량이 약할 때는 인성이 있어서 관성의 기운을 빼고 일간을 더욱 강하게 하는 것이 나쁘다.
② 식상을 극제한다 – 일간이 약하고 식상이 강하면 인성에 의지한다. 인성

으로 식상을 제압하는 동시에 일간을 강화시켜야 하는 것이다. 신약하고 식상이 왕하면 설기가 과도하여 정신적으로 예민하고 피로해서 마음의 안정을 찾지 못한다.

③ 신약할 때 인성은 가장 필요한 육신인데 이때는 재성이 있어서 인성을 파괴하면 나쁘고 관살이 인성을 도와 강하게 하면 좋다.

신강할 때는 인성이 해로우니 재성이 인성을 극해주면 좋고 관살이 인성을 생조해 주면 나쁘다.

④ 인성이 많으면 돈 만드는 복이자 서비스 정신, 재테크 수단인 식상을 극제하기 때문에 사업, 특히 서비스업종은 맞지 않는다. 교육·종교·역술·육영사업 등 활인업(活人業)에 인연 많다.

⑤ 인성이 많으면 식상을 극제하기 때문에 여자의 경우 자녀 출산이 어렵거나 유산·조산을 하기 쉽다. 남자의 경우 자식인 관성의 기운을 과다하게 빼고, 손자인 식상을 지나치게 극제(尅制)하므로 자식을 어렵게 둘 가능성이 높다.

乙 甲 癸 壬　<건명> 1962년생
亥 子 卯 寅

73 63 53 43 33 23 13 3
辛 庚 己 戊 丁 丙 乙 甲
亥 戌 酉 申 未 午 巳 辰

양인격, 경찰공무원
자신의 직업을 별로 탐탁지 않게 생각하고 늘 그만두려고 생각한다.
45세 丙戌(2006) 차석으로 경위 진급했고, 그 해 헬스장에서 만난 여자랑 바람이 나서 관재구설(子卯형살)이 있었다.
48세 己丑(2009) 주식으로 많은 돈을 날렸고, 경북 도청이전 예정지를 의성으로 믿고 부동산 투기(땅을 매입)를 했다가 막대한 손실을 입었다.

10가지 성격 요소: 십성(十星)의 특성

주체성 (추진성)	독립성	비견	독립·주체·자아·주관·의지·고집·소신·추진·자존·활동적
	Independence		
	경쟁성	겁재	경쟁·진취·모험·적극·승부근성·쟁취·질투·분리·파재(破財)
	Competition		
표현성 (창조성)	연구성	식신	연구·창조·분석·외곬·전문·순수·예술성·낙천·풍요·생산
	iNquiry		
	응용성	상관	응용·모방·재치·순발력·감정동화·사교·언변·자만·호기심·혁신·다재다능
	Adaptability		
통제성 (결단성)	과감성	편재	통제·야심·모험·과감·횡재·투기·유통·역마(驛馬)·공간지각·사물조작(물질의 본질에 관심)
	cOntrolling		
	치밀성	정재	치밀·정확·꼼꼼·계산·내실·안정·저축·근면·성실·사물조작(물질의 외부에 관심)
	Exactness		
조직성 (명예성)	권력성	편관	극기·강제·개혁·투쟁·봉사·희생·이타·인내·권력·복종·권위
	enDurance		
	합리성	정관	합리·원칙·정직·공익·명예·안정·준법·도덕·보수(保守)·인격
	Rationality		
학문성 (직관성)	신비성	편인	신비·영감·직관·고독·종교·철학·의학·의심·이중성·기회포착·순발력·특수·장인(匠人)
	Spirituality		
	교육성	정인	자비·자애·인정·모성애·학문·문서·심리·교육·양생(養生)·계획
	Benevolence		

육신의 길흉운

비견 · 겁재	길운	① 새로운 사업추진, 기존 사업확장, 동업·자립 ② 자신감 생김 ③ 전근·이사·승진·승급·취직·합격 ④ 정신적·경제적으로 안정 ⑤ 형제·동료·동업자·선배 도움으로 재물 생김·成事·학업 진전 ⑥ 건강, (남) 부부 관계 좋아진다, (여) 시집 식구와 좋아진다. ⑦ (겁재운) 지출이 생기나 투자로서 좋은 의미 ⑧ (비겁 희신이 三刑이면) 분주다사·관재구설·사고 발생 * 재다신약의 경우 비겁운에 직장을 그만두고 사업을 시작하면 불리하다(사업 실패·부도·파산·가정불화 등). 기존에 하던 일에 그대로 종사하는 것이 좋다.
	흉운	① 동료·동업자로부터 모함·배신·소송(동업·사업 확장하면 손해) ② 아버지·아내와 갈등·이별수 ③ 남편·아내에게 애인 생김 ④ 돈 나갈 일 많이 생긴다. ⑤ 도둑맞거나 물건 잃어버림 ⑥ 자기중심적 행동으로 주위 사람과 멀어진다, 대인관계 악화 - 열린 마음·양보심 필요, 과욕은 절대금물, 미래를 위해 내실要 ⑦ 좌천, 불리한 이동·이사운
식신 · 상관	길운	① 재물 생김, 새로운 일 추진, 쇄신·개혁 ② 마음이 안정, 식욕이 늘어 신체가 풍만, 건강회복 ③ 학업성적이 향상 ④ 결혼·임신·자녀 출산 ⑤ (상관운) 자의로 직장 바꿈, 사업을 위해 직장 그만둠
	흉운	① 돈이 나간다(재물 손실) ② 마음이 불안정, 의식주 불안 ③ 남에게 의지하려는 의타심 생김 ④ 건강 나빠진다. ⑤ (여) 남편과 갈등·생사별 (남) 자녀·직장 문제로 고민, 직장사퇴·명예 손상 ⑥ 각종 사고·병으로 신체 손상·수술, 법규위반으로 관공서 출입
편재 · 정재	길운	① 사업확장·수입 증대·횡재수 ② 결혼, 부부 사이 좋아진다. ③ (남) 좋은 이성 생김, 부친·아내·여성의 도움 받음 (여) 부친의 도움 받음 ④ 승진·시험합격·당선으로 사회진출

편재· 정재	흉운	① 돈이 많이 나간다(재물 손실) ② (남) 부부관계 갈등, 여성과 염문 ③ (사업가) 사업 확장하려는 마음, 그러나 쓸데없는 비용이 많이 들어가고 실속은 없다. ④ (학생) 공부에 전념 못하며 성적 떨어진다. ⑤ (공직자·학자) 뇌물 사건·돈·여자로 명예 손상·관재(官災)구설 - 재물 낭비와 욕심을 줄이고, 남녀 관계를 자제하는 마음 필요
편관· 정관	길운	① 결혼, 일자리 생김(취직) ② (남) 자녀 출산 ③ 시험합격, 당선, 관직 진출, 사회적 명성 얻음 ④ 사회활동 개시·활발 ⑤ (여) 좋은 남자, 좋은 며느리(아들 결혼) 생김
	흉운	① 관재구설·소송, 사고·수술, 신체 손상·질환 ② (여) 애인 생겨 간통사건이나 구설수 ③ (남) 자녀에게 불리한 일 발생 ④ 부부 사이 나빠진다. ⑤ 식상(食傷)많아 신약한데 관살(官殺)운 만나면 매우 안 좋다 (剋洩交加 극설교가) ⑥ 신경쇠약·정신질환
편인· 정인	길운	① 건강회복, 마음 안정·풍요 ② 부모·상사·윗사람의 도움 ③ 공부에 전념, 시험합격 ④ 해(亥)가 인성(印星)이고 역마(驛馬)이면 해외유학 ⑤ 문서(임명장·부동산·계약서)상의 좋은 일 ⑥ (편인운) 하던 본업·직장을 그만둘까 고민(갈등)
	흉운	① 자기중심적(이기적) 행동으로 주변과 멀어지고 대인관계 악화 ② 부모·상사·윗사람 도움× ③ 문서상의 불이익 ④ (여) 시집식구와 분쟁, 자녀문제로 고민 ⑤ 실천력·행동성 저하되고, 쓸데없는 잡생각만 많아진다. ⑥ (편인운) 직장·본업 그만둠, 사업부도·의식주 불안(到食 도식)

제6장. 사주명리의 꽃_육신·십성

by 노겸 김만태

제7장. 천간·지지의 상호작용 관계

1. 천간합의 구성 원리

   (1) 천간합

   (2) 천간충

       천간합과 오방색

2. 지지합·충·형·파·해·원진

   (1) 지지삼합

   (2) 지지방합

   (3) 지지육합

   (4) 지지충

       육기(六氣)와 지지충

   (5) 지지형

   (6) 파·해·원진

제7장. 천간·지지의 상호작용 관계

천간합(天干合)	천간충(天干沖)	지지삼합(地支三合)	지지반합(地支半合)
甲己 合 土 乙庚 合 金 丙辛 合 水 丁壬 合 木 戊癸 合 火	편관편재(偏官偏財) 甲庚, 乙辛, 丙壬, 丁癸	亥卯未 木局 寅午戌 火局 巳酉丑 金局 申子辰 水局	亥卯 > 卯未 > 亥未 寅午 > 午戌 > 寅戌 巳酉 > 酉丑 > 巳丑 申子 > 子辰 > 申辰
지지방국(地支方局)	**지지육합(地支六合)**	**지지충(地支沖)**	**지지형(地支刑)**
寅卯辰 東方 木局 巳午未 南方 火局 申酉戌 西方 金局 亥子丑 北方 水局	子丑 合 土 寅亥 合 木 卯戌 合 火 辰酉 合 金 巳申 合 水 午未 合 火[118]	寅申 巳亥 子午 卯酉 辰戌 丑未	寅巳申 丑戌未 子卯 辰辰, 午午, 酉酉, 亥亥
암합(暗合)	○ 干支암합: 丁亥, 戊子, 辛巳, 壬午 ○ 地支암합: 子戌, 丑寅, 寅未, 卯申, 午亥 ○ 明合+暗合[119]: 巳酉, 子辰			

1. 천간합의 구성 원리

<천간합이 구성되는 원리>는 오기경천설(五氣經天說), 음양합덕설(陰陽合德說), 선천하도설(先天河圖說), 둔기월시설(遁起月時說) 등 4가지가 있는데 그중 오기경천설이 가장 대표적이다. 오기경천설은 『황제내경소문』오운행대론(五運行大論)에 등장한다.

밤하늘의 기운 중에서 가장 대표적인 것은 오운을 나타내는 오천의 기운이다. 오천이란 목기운이 뻗쳐서 나타난 창천(蒼天), 화기운의 단천(丹天), 토기

---
118) 午未합은 火 외에 불변(不變), 일월(日月) 등으로도 본다.
119) 천간합이나 지지합들은 외부로 명백하게 드러나므로 명합(明合)이라 하고, 지장간과의 사이에 이루어지는 합은 암암리에 이뤄지므로 암합(暗合)이라고 한다.

운의 금천(黔天), 금기운의 소천(素天), 수기운의 현천(玄天)이다. 이 다섯 기운은 항시 나타나는 것이 아니라 해당하는 오행의 기운이 강할 때만 나타나서 그 행의 하늘과 땅의 기운을 다스리는 것이다.

창천의 목기운은 28수(宿) 중에서 위(危)·실·류·귀의 네 별자리를 지나는데, 이는 24방위에서 丁과 壬에 해당한다. 그래서 정과 임이 합해서 목이 된다고 하며, 연간(年干)이 정과 임이 되는 해는 목기운이 주관한다고 본다. 나머지 네 기운도 같은 이치로 이뤄진다.

<오천(五天)과 오운(五運)의 관계>

오천	창천(蒼天)	단천(丹天)	금천(黔天)	소천(素天)	현천(玄天)
오운	木運	火運	土運	金運	水運
28수	위(危)·실·류·귀	우·여·벽·규	심·미·각·진	항·저·묘·필	장·익·루·위(胃)
24방위	丁·壬	戊·癸	甲·己	乙·庚	丙·辛
화기(化氣)	木	火	土	金	水

단천(丹天)의 기는 우(牛)·여(女)와 무(戊)의 분(分)을 지나고,
금천(黔天)의 기는 심(心)·미(尾)와 기(己)의 분(分)을 지나고,
창천(蒼天)의 기는 위(危)·실(室)·류(柳)·귀(鬼)를 지나고,
소천(素天)의 기는 항(亢)·저(氐)·묘(昴)·필(畢)을 지나고,
현천(玄天)의 기는 장(張)·익(翼)·루(婁)·위(胃)를 지나는데,
　　이른바 <u>戊와 己의 분이란 규(奎)·벽(壁)과 각(角)·진(軫)이니 곧 천지의 문호(門戶)이다.</u> 무릇 때[候]가 시작하는 바이고, 도(道)가 생겨나는 바이니 통하지 않으면 안 된다.[120]

서북방의 술해(戌亥)에 천문(天門)이 있고, 동남방의 진사(辰巳)에 지호(地戶)가 위치하는 까닭도 戊分[규·벽]과 己分[각·진]에서 비롯되었다. 규·벽은 서북방의 별자리로서 서북은 가을과 겨울이므로 만물이 거두어져 저장되

---

120) 『黃帝內經素問』<五運行大論>, "丹天之氣經于牛女戊分, 黔天之氣經于心尾己分, 蒼天之氣經于危室柳鬼, 素天之氣經于亢氐昴畢, 玄天之氣經于張翼婁胃. 所謂戊己分者, 奎壁角軫, 則天地之門戶也. 夫候之所始, 道之所生, 不可不通也."

는 가운데 동지(冬至)에 일양시생(一陽始生)하는 때이면서 건(乾)자리에 해당하므로 천문이 되고, 각·진은 동남방의 별자리로서 동남은 봄과 여름이므로 만물이 생겨나 자라서 번성하는 가운데 하지에 일음시생(一陰始生)하는 때이면서 손(巽)자리에 해당하므로 지호가 되는 것이다.

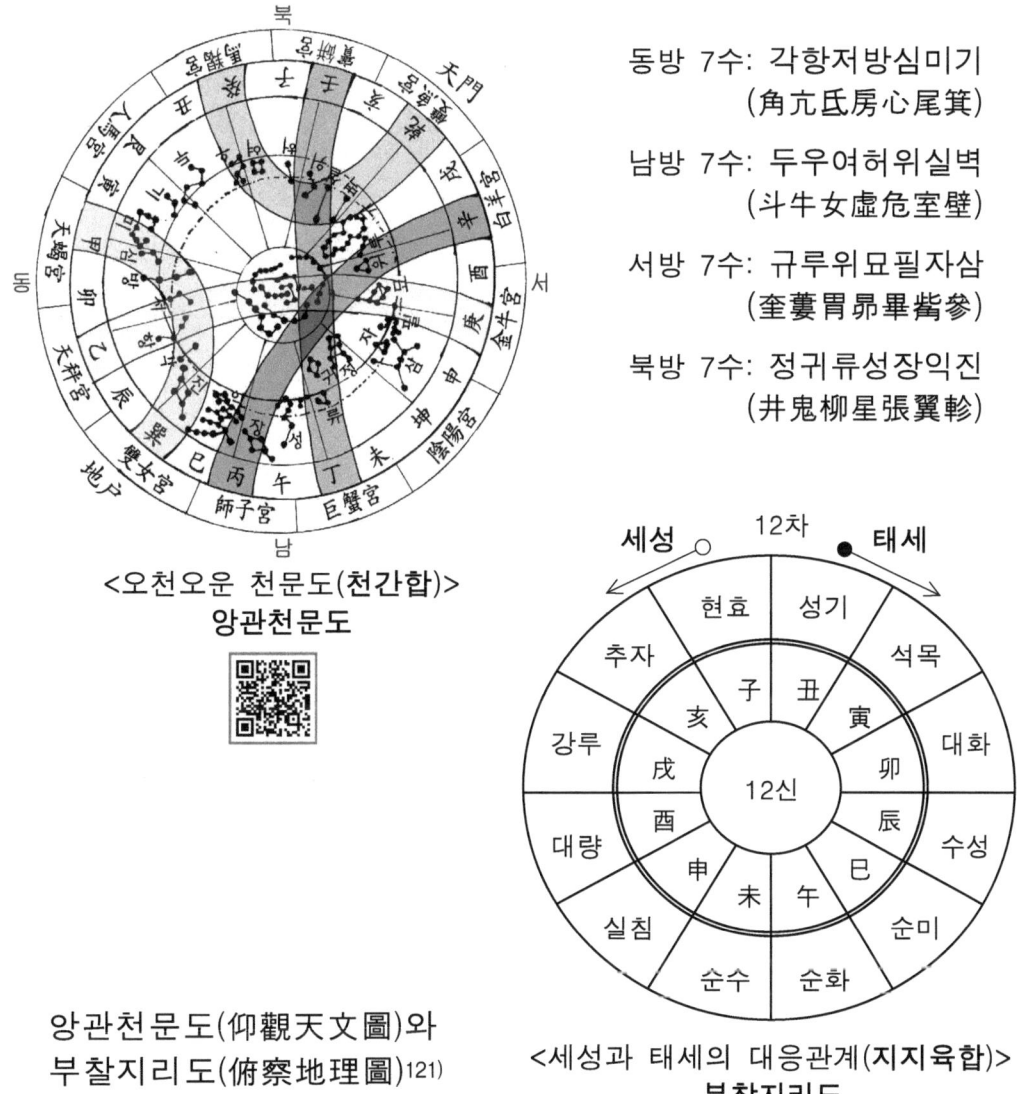

동방 7수: 각항저방심미기
(角亢氐房心尾箕)

남방 7수: 두우여허위실벽
(斗牛女虛危室壁)

서방 7수: 규루위묘필자삼
(奎婁胃昴畢觜參)

북방 7수: 정귀류성장익진
(井鬼柳星張翼軫)

<오천오운 천문도(천간합)>
앙관천문도

<세성과 태세의 대응관계(지지육합)>
부찰지리도

앙관천문도(仰觀天文圖)와
부찰지리도(俯察地理圖)121)

---

121) 앙관천문도는 '지구에서 올려다본 하늘'을 그린 천문도이고, 부찰지리도는 '하늘에서 내려다본 지구'를 그린 천문도이다. 따라서 앙관천문도는 하늘의 실제 별자리가 그려진 천문도이고, 부찰지리도는 나침반의 방위 개념으로 그려진 천문도이다. 따라서 앙관천문도와 부찰지리도는 데칼코마니 기법으로 찍어낸 그림처럼 서로 좌우 또는 상하로 대칭이 되는 관계에 있다. 뒤의 <지지 육합 구성도>, <지지 삼합 구성도>, <지지 방합 구성도>, <지지 충 구성도> 모두 부찰지리도이다.

(1) 천간합

甲己 合化 土 / 乙庚 合化 金 / 丙辛 合化 水 / 丁壬 合化 木 / 戊癸 合化 火

천간합은 음양이 서로 짝하는 것인데(一陰一陽之配合, 夫婦의 道에 비유)[122], 양간(陽干: 甲丙戊庚壬)이 음간(陰干: 乙丁己辛癸)과 합할 때는 정재(正財)와 합하는 것이 되고(예: 甲과 己가 합하는 경우 甲입장에서 보면 己는 정재가 된다), 음간이 양간과 합할 때는 정관(正官)과 합하는 것이 된다(예: 甲과 己가 합하는 경우 己입장에서 보면 甲은 정관이 된다).

천간합은 자기의 할 일을 잊어버리고 엉뚱한 쪽에 끌려가거나 묶이는 결과를 가져온다(합거슴去). 따라서 용신(用神)이 일간과 천간합 되는 경우를 제외하고[123] 용신이 천간합 되는 것은 대체로 좋지 않다.

사주에 합이 있다하여 전부 합으로 볼 수 없으며(合而不合), 합한다고 해서 반드시 다른 오행으로 변하는 것도 아니다(合而不化).
― 합이불합(쟁합, 투합 등), 합이불화(합하는 오행을 극하는 字가 있는 경우)

쟁합(爭合: 甲과 己가 합하려는 데 옆에 또 甲이 있는 경우), 투합(妬合: 甲과 己가 합하려는 데 옆에 또 己가 있는 경우)은 기본적으로 합으로 인정하지 않는다.[124]

---

122) 一陰一陽之配合은 "오직 하나의 음이 하나의 양을 보고, 하나의 양이 하나의 음을 봐야만 합이 된다."는 부부(夫婦)의 도리를 의미한다.
123) 용신과 일간이 천간합 되는 경우는 오히려 유정(有情)하다고 본다.
Ex) 乙 己 甲
　　 일 월 년
乙일간 입장에서 己가 용신이라면 甲과 己의 합으로 용신 己가 일간인 나를 바라보는 것이 아니라 엉뚱하게도 甲을 바라보고 있으므로 매우 좋지 않다.

　　 乙 庚 甲
　　 일 월 년
乙일간 입장에서 庚이 용신이라면 乙과 庚의 합으로 용신 庚이 일간인 나를 바라보고 있으므로 유정해서 괜찮다.

* 암합(暗合): 천간과 지장간과의 사이에서 이루어지는 합(간지 암합), 두 지지의 지장간 사이에서 이루어지는 합(지지 암합, 명합+암합)은 지장간의 작용에 의해 암암리에 이뤄지므로 암합이라고 한다. ⇐ 지장간 본기(本氣)의 합만 인정한다.

암합은 은밀한 만남, 비밀 거래, 나만의 비밀 간직 등을 의미한다.

암합이 되는 두 글자 중 한 글자가 대운이나 세운에서 들어오면 암합이 현실화되고[125], 암합이 되는 지지가 충 되는 운에서는 비밀이 드러난다고 볼 수 있다.

- o 干支暗合: 丁亥(壬), 戊子(癸), 辛巳(丙), 壬午(丁)
- o 地支暗合: 子戌(癸戊), 丑寅(己甲), 寅未(甲己), 卯申(乙庚), 午亥(丁壬)
- o 明合+暗合: 巳酉(丙辛), 子辰(癸戊)[126]

(2) 천간충

甲庚, 乙辛, 丙壬, 丁癸

충(衝·沖)은 방위상 180° 서로 마주보며 위치하여 정면으로 충돌하는 관계이다.

천간충은 甲庚, 乙辛, 丙壬, 丁癸로서 음과 음, 또는 양과 양으로 금목상충(金木相沖)과 수화

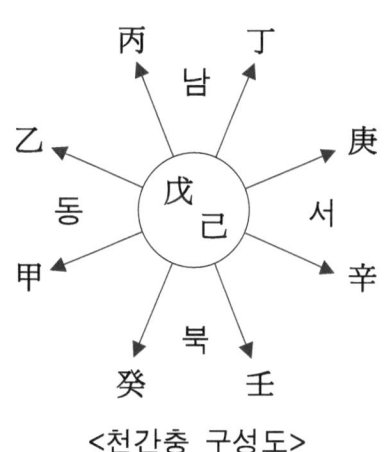

<천간충 구성도>

---

124) 쟁합은 양간 2개 이상에 음간 1개인 경우, 투합은 양간 1개에 음간 2개 이상인 경우이다.

125) 암합이 사주 원국에 이미 있으면 한 글자가 운에서 들어오는 경우 암합이 현실화될 가능성이 더욱 높다고 추정한다.

Ex) 丁 辛 丙 壬 <곤명> 1962년생
    酉 巳 午 寅

명암부집(明暗夫集), 유부녀인데 40세 辛巳(2001)년에 남편 몰래 유부남과 정을 통했다.

126) 천간합이나 지지합들은 겉으로 명백하게 드러나므로 명합이라고 한다. 따라서 巳酉와 子辰은 명합인 반합과 암합을 함께 갖고 있다.

상충(水火相沖)하는 것이다.

7번째 닿는 천간으로부터 정면 충극을 받으므로 칠충(七沖)이라고도 한다.
— 천간은 순서상 6번째 닿는 천간과 합하고, 7번째 닿는 천간으로부터 정면 충극(沖剋)을 받으므로 육합칠충(六合七沖)이라고 한다.

방위상 정면으로 대치하지 않으면서 음과 음, 양과 양으로 극하는 관계인 戊甲, 己乙, 庚丙, 辛丁, 壬戊, 癸己는 충과 같이 정면으로 부딪히는 것이 아니고 빗겨나 측면으로부터 극하는 것이므로 충보다는 상호 대결과 충돌의 변화작용이 약하다.

충하면 갑자기, 뜻밖에 움직이게 되는 일이 생긴다(이사, 이직, 사직, 유학, 이민, 별거, 이혼 등). 갑작스런 변동으로 인해 혼란이 야기되고 뜻밖의 사건·사고가 생길 수 있으므로 충되는 운에서는 매우 신중하고 조심스럽게 처신해야 한다.

운에서 와서 충이 되면 운의 육신이나 물상과 관련된 것이 원인 제공자이다. 용신(用神)은 충을 두려워하고 기신(忌神)은 충이 되면 좋다.

충을 화해(和解)시키는 법(예: 甲庚이 충할 때 壬이나 癸를 얻는 경우)과 충을 제(制)하는 법이 있다(예: 甲庚이 충할 때 丙이나 丁을 얻는 경우).

천간합과 오방색

출처: 『오행대의(五行大義)』[127]

동·서·남·북·중앙의 다섯 방위를 상징하는 색이 오방색(五方色)이다.

동쪽은 청색(blue), 서쪽은 흰색(white), 남쪽은 적색(red), 북쪽은 흑색(black), 중앙은 황색(yellow)이다.

이른바 목화토금수 오행의 색으로 널리 알려져 있다.

오행이 음양으로 구분되듯이 오방색에도 음양의 구분이 있다.

그래서 오방색에는 각 방위에 해당하는 정색(正色)이 있고, 각 정색의 사이에는 간색(間色)으로 중간색이 있다.

오정색(五正色)은 일반적으로 널리 알려진 오방색으로, 오방색의 양(陽)에 해당하는 색이다.

오정색은 동방(木)은 청색(靑, blue), 남방(火)은 적색(赤, red), 중앙(土)은 황색(黃, yellow), 서방(金)은 흰색(白, white), 북방(水)은 검은색(黑, black)이다.

오간색(五間色)은 오정색에 의해 생성되어지는 중간색으로, 오방색의 음(陰)에 해당하는 색이다.

동방 간색은 녹색(綠, green), 남방 간색은 홍색(紅, pink), 중앙 간색은 검은황색(驪黃, olive), 서방 간색은 하늘색(sky blue), 북방 간색은 적갈색(maroon)이다.

오정색은 양(陽)의 오방색이고, 오간색은 음(陰)의 오방색인 것이다.

오정색은 하늘과 해[日], 남성을 상징하는 색이라 한다면, 오간색은 땅과 달[月], 여성을 상징하는 색이라 할 수 있다.

동방의 간색이 녹(綠)색인 까닭은 토(戊)가 목(甲)의 극을 두려워하여 자신의 누이(己)를 목의 아내로 보내어 합이 되도록 한 때문인데, 청색에 황색이 들어갔으므로 동방(木)의 간색은 녹색이다.

남방의 간색이 홍(紅)색인 까닭은 금(庚)이 화(丙)의 극을 두려워하여 자신의

---

[127] 6세기 말 북주(北周) 말기와 수(隋)나라 초기에 음양학(陰陽學)과 산술학(算術學)의 대가인 소길(蕭吉)이 수나라 이전의 오행에 관한 전적(典籍)들을 망라해서 모든 사물과 현상들을 오행으로 분류하여 펴낸 책이다.

누이(辛)를 화의 아내로 보내어 합이 되도록 한 때문인데, 적색에 흰색이 들어갔으므로 남방(火)의 간색은 홍색이다.

중앙의 간색이 검은 황[驪黃]색인 까닭은 수(壬)가 토(戊)의 극을 두려워하여 자신의 누이(癸)를 토의 아내로 보내어 합이 되도록 한 때문인데, 황색에 검은색이 들어갔으므로 중앙(土)의 간색은 검은 황색이다.

서방의 간색이 벽(碧)색[하늘색]인 까닭은 목(甲)이 금(庚)의 극을 두려워하여 자신의 누이(乙)를 금의 아내로 보내어 합이 되도록 한 때문인데, 흰색에 청색이 들어갔으므로 서방(金)의 간색은 벽색이다.

북방의 간색이 자(紫)색[적갈색]인 까닭은 화(丙)가 수(壬)의 극을 두려워하여 자신의 누이(丁)를 수의 아내로 보내어 합이 되도록 한 때문인데, 검은색에 적색이 들어갔으므로 북방(水)의 간색은 자색이다.

6세기 말 북주(北周) 말기에서 수(隋)나라 초기에 음양학(陰陽學)과 산술학(算術學)의 학자인 소길(蕭吉)이 펴낸 『오행대의(五行大義)』에 나오는 이야기이다.

<색의 음양오행, 오정색과 오간색>

구분	목	화	토	금	수
오정색 (양오방색)	blue 0000FF 甲	red FF0000 丙	yellow FFFF00 戊	white FFFFFF 庚	black 000000 壬
오간색 (음오방색)	green 008000 乙	pink FF8080 丁	olive 808000 己	sky blue 8080FF 辛	maroon 800000 癸

☞ QR코드를 스캔하면 컬러로 볼 수 있습니다.

2. 지지합·충·형·파·해·원진[128]

(화)합: 지지육합, 지지삼합, 지지방합
충(돌): 지지충
  * 衝(충) = 行 + 重[129] ⇒ **動**
형(살): 지지형
파(괴): 지지파
(방)해: 지지해
원진: 충과 삼합 사이 ⇒ 애증(愛憎) 교차

<지지 삼합 구성도>

(1) 지지삼합

亥卯未 木局 / 寅午戌 火局 / 巳酉丑 金局 / 申子辰 水局

　계절과 방위의 합인 지지 방합과 달리 지지 삼합은 각 계절의 가운데 달인 왕지(旺支)인 묘(卯)·오(午)·유(酉)·자(子)를 중심으로 각각 정삼각형(△)을 이루는 합이다.

　그래서 묘(卯)를 중심으로 해묘미(亥卯未)가 합하여 목국(木局), 오(午)를 중심으로 인오술(寅午戌)이 합하여 화국(火局), 유(酉)를 중심으로 사유축(巳酉丑)이 합하여 금국(金局), 자(子)를 중심으로 신자진(申子辰)이 합하여 수국(水局)을 이룬다.

　지지 삼합의 최초 단서는 『회남자』「천문훈」에 등장한다. 다만 토국(土局)을 별도로 설정하지 않고 화국(火局)과 동일하게 취급하는 현재의 삼합설과 달리 『회남자(淮南子)』에서는 午를 토의 생지, 戌을 토의 왕지, 寅을 토의 고지로 인식하고서 午戌寅을 토국으로 설정하였다(제4장 1절에서 『회남자』「천

---

128) 합과 충은 음양오행의 생극제화에서 '화(化)'에 속하고, 그 외 형·파·해·원진 등은 신살에 속한다.
129) 衝(부딪칠 충)자는 사거리를 형상화한 行(갈 행)자와 바퀴가 하나씩 더 달린 무거운 수레(車)를 형상화한 重(무거울 중)자의 합성어로서, 動(움직일 동)자와도 의미가 상통한다. 그러므로 충하면 갑자기 움직이게 된다(이사, 이직, 이민, 별거 등).

문훈」인용문 참고).

청나라 건륭제 때인 1739년에 저술된 천문택일서인 『협기변방서(協紀辨方書)』에서도 지지 삼합은 『회남자』에서 처음 비롯되었다고 보면서, 『회남자』의 애초 내용과 달리 지금은 土의 삼합이 전하지 않는 까닭이 궁금하다고 하였다.

> "지금 이것을 살펴보니 음양가들이 말하는 삼합은 오직 水・火・木・金뿐이며 土는 없다. 그러나 음양을 말하는 책으로서 『회남자』 또한 옛것이 될 수 있으며, 이른바 삼합의 설은 반드시 이 책에서 시작되었던 것인데 土의 삼합이 지금 세상에 전하지 않는 것은 무엇 때문인가? 또 지금 세상에서 토의 장생 등이라고 말하는 12자리는 火와 다르지 않으나(火土동궁), 『회남자』는 토가 午에서 나고, 戌에서 장성하고, 寅에서 죽는다고 하는데 이 또한 다른 책에는 없는 것이다. 그래서 지금 이 설을 덧붙여 실어서 그 뜻을 갖추고자 한다."130)

따라서 지금은 사라진 午戌寅 토국 삼합에 대해서도 진지하게 고민할 필요가 있다고 생각한다.

지지 삼합(三合)은 12지지에서 3支가 서로 합하여 국을 이루는 것인데, 생왕고(生旺庫)지를 취하여 하나의 기운으로 세력을 형성하는 것이다. 사주 중에서 3支를 모두 만나 합을 이루면 그 힘이 크며, 2支로도 국을 취하는데 왕지(旺支)가 있어야 한다. 예를 들어 목국(木局)이라면 亥卯 또는 卯未가 우선이고 亥未는 그 다음이다.

* 반합(半合): 亥未는 가합(假合)이라 그 작용력이 매우 약하지만, 천간에 卯木과 동일한 오행인 乙木이 투출하였다면 이는 亥卯未 삼합에 버금가는 합력(合力)이 작용한다. 그리고 卯未만 있는 데 운에서 나머지 亥水가 들어오면 그 운 동안에는 亥卯未 삼합이 온전하게 작용한다. 즉 반합이 있는데 나머지 하나가 운에서 들어오면 그 운 동안에 삼합이 그대로 작용한다.

---

130) 『協紀辨方書』 권1 本原1 <三合>, "由今考之, 陰陽家言三合者, 唯水、火、木、金而已, 不及於土也. 然言陰陽之書, 淮南子亦可爲古矣, 所爲三合之說未必不始於是書, 而土之三合則不傳於世者何歟. 且世所言土之長生等十二位 與火無異, 而淮南子則謂生午、壯戌、死寅, 亦他書所無有也. 今附載於此, 以備一義."

Ex)

癸 乙
亥 未

지지의 亥未가 천간의 乙과 결합하여 亥卯未에 버금가는 삼합으로 작용할 수 있다.

癸
亥 未 ⇐ 卯운

卯운의 기간 동안은 亥卯未 삼합이 작용한다.

지지 삼합은 양기(陽氣)로 화하므로 亥卯未는 甲木, 寅午戌은 丙火, 巳酉丑은 庚金, 申子辰은 壬水의 기운으로 본다.

* 반합의 합력(合力) 순위: 생지+왕지 > 왕지+고지 > 생지+고지
亥卯 > 卯未 > 亥未
寅午 > 午戌 > 寅戌
巳酉 > 酉丑 > 巳丑
申子 > 子辰 > 申辰

(2) 지지방합

寅卯辰　東方　木局
巳午未　南方　火局
申酉戌　西方　金局
亥子丑　北方　水局

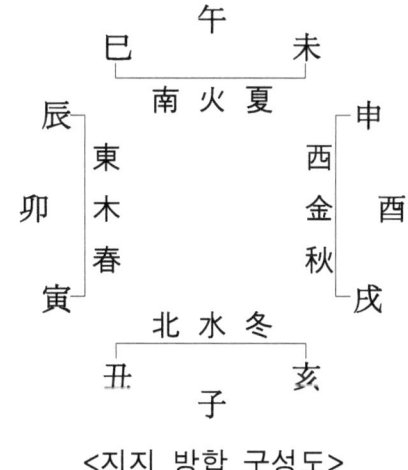

<지지 방합 구성도>

지지 방합(方合)은 대체로 3지(支)를 다 갖춰져야 합을 이룰 수 있다. 물론 2지로도 방합을 이룰 수 있다. 그러나 반드시 월지(月支)를 얻어야 한다. 2支가 합을 이루는 요건과 작용력은 삼합의 반합과 동일하게 해석한다. 즉 계절의 왕지를 얻는 것이 가장 합력이 강하다.

寅卯辰이 모두 있으면 동방목국(東方木局)을 형성하는데, 寅월에 태어나고 3支를 보면 모두 甲木으로 논하고, 卯월에 태어나고 3支를 보면 모두 乙木으로 논하며, 辰월에 태어나면 寅과 卯의 세력 중에서 누가 더 강한가를 봐서 甲木이나 乙木 여부를 판별한다. 그 나머지 예도 이에 준한다.

예를 들어 戊일간이 寅卯辰 모두가 있는데 寅월에 태어나면 모두 갑목 편관(偏官)으로 논하고, 卯월에 태어나면 모두 을목 정관(正官)으로 논하며, 辰월에 태어나면 寅과 卯의 세력 중에서 누가 더 강한가를 봐서 정관이나 편관 여부를 판별한다.

방합은 동기(친구) 간의 합이므로 결집력은 혈육관계인 삼합에 비해 약하나, 합의 규모는 삼합보다 크다. 즉 각 지지끼리 결속하려는 합력은 삼합이 강하고, 합한 오행의 세력 범위는 방합이 더 강하다.

일간이 방합이나 삼합의 합된 기운을 감당할 능력이 있다면 큰 명성을 얻을 수 있다. 그럴 경우 방합이나 삼합이 지지에 형성하는 세력이 비겁이면 정치인, 식상이면 연구인·예술인, 재성이면 경제인·금융인, 관성이면 권력관료(법관·검경·군인), 인성이면 교육자·학자로서 성공할 수 있다.

격(格)이 삼합이나 방합을 이루면 격의 규모가 더욱 커진다. 즉 격국(格局)이 된다.

(3) 지지육합

子丑 合土 / 寅亥 合木 / 卯戌 合火 / 辰酉 合金 / 巳申 合水 / 午未 合火(일월)

<지지 육합이 구성되는 원리>는 일월회합설(日月會合說)을 비롯하여 일월합삭설(日月合朔說), 월건월장설(月建月將說), 황도12궁설(黃道12宮說) 등 4가지가 있다.

그 중 일월회합설이 가장 대표적이며 1년 12달의 매월 초하루[朔]마다 해와 달이 12차(次)에서 만나는 방위와 이때 북두칠성의 자루인 두건이 12신(辰)을 가리키는 방위가 순역(順逆)이 상치하여 경과하면서 서로 합이 되므로 육합이 성립한다는 것이다. 예를 들면 초하루에 해와 달이 12신의 丑에서 만

나면 북두칠성 자루는 子을 가리키므로 子와 丑이 합된다는 것이다.

세성과 세성의 가상 천체인 태세가 서로 대응하는 관계(제4장 1절의 그림 참고)에서도 지지 육합의 단서가 보인다. 예를 들어, 세성이 12신의 子[12차의 현호]에 위치하면 세성의 가상 천체인 태세는 12신의 丑에 위치하므로 子와 丑이 서로 합되고, 세성이 亥[12차의 추자]에 위치하면 태세는 寅에 위치하므로 寅과 亥가 서로 합되는 것이다. 이 세성태세설(歲星太歲說)도 궁극적으로는 일월회합설의 범주 안에 포함될 수 있다.134) 다만 세성태세설이 12년을 주기로 한다면, 일월회합설은 12개월을 주기로 한다.

<지지 육합의 천지·사시·합화 관계>

『성력고원』131)·현재 통용	천지·사시	『협기변방서』
午 — 未 日月	하늘[天]	午 — 未 日月
巳 — 申 水	겨울[冬]	巳 — 申 水
辰 — 酉 金	가을[秋]	辰 — 酉 金
卯 — 戌 火	여름[夏]	卯 — 戌 火土
寅 — 亥 木	봄[春]	寅 — 亥 木
子 — 丑132) 土	땅[地]	子 — 丑 水土133)

지지 육합(六合)은 두 字가 반드시 붙어 있어야 비로소 합이 되고 沖하는 字가 그 사이에 있으면 합이 깨지게 된다.

천간합과 마찬가지로 사주에 지지 육합이 있다하여 전부 합으로 볼 수 없으며(合而不合), 합한다고 해서 반드시 다른 오행으로 변하는 것도 아니다(合而

---

131) 청대 초기에 흠천감에서 『극택통서(選擇通書)』를 편찬하여 택일(擇日)에 관한 이설(異說)을 바로 잡으려고 하였지만 바로 잡히지 않자 강희 52년(1713)에 대학사 이광지(李光地, 1642~1718)에게 명하여 『성력고원(星曆考原)』을 편찬하게 하였다. 그러나 『성력고원』에서도 이설이 역시 바로 잡히지 않았다. 이윽고 건륭 4년(1739)에 어명으로 흠천감 관원 30~40인이 이전 택일설의 오류를 바로 잡아서 36권으로 집대성하니 그 책이 바로 『협기변방서(協紀辨方書)』이다.
132) 맨 아래의 子丑은 합하여 땅의 토가 되고, 맨 위의 午未는 합하여 하늘의 해와 달이 되고, 寅亥, 卯戌, 辰酉, 巳申은 천지 음양의 두 기운이 상호 교류하여 생겨나는 사계절의 목화금수가 각각 되는 것이다.
133) 『협기변방서』에서는 子丑의 경우 水, 卯戌의 土도 더불어 생긴다고 보았다.
134) 전통 제사 때 읽는 축문 첫머리의 "유세차(維歲次)갑자○○月△△朔…"의 짧은 문구 안에도 세성태세설을 포함한 일월회합설의 핵심 내용이 함축되어 있다. 가령 "維歲次辛卯十一月甲申朔…"이라면 "세성이 12차의 순서상 大火에 드는 해(歲年의 차례가 辛卯년인 해), 음력 11월 초하루인 甲申일…"이란 뜻이다.

不化).

— 지지 육합의 합화(合化) 여부도 "오직 하나의 음이 하나의 양을 보고, 하나의 양이 하나의 음을 봐야만 합이 된다(一陰一陽之配合, 夫婦之道)."는 논리에 의거하여 천간합의 경우에 준하여 판단한다.

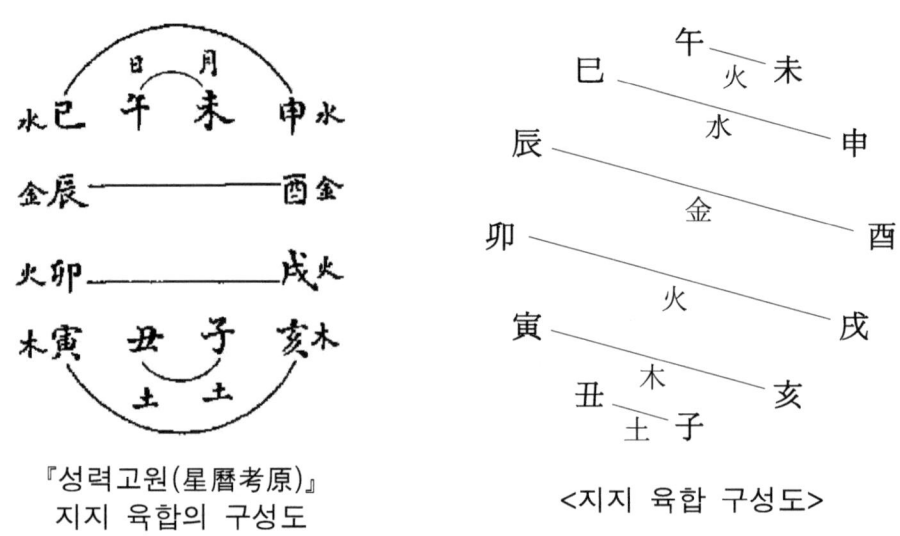

『성력고원(星曆考原)』
지지 육합의 구성도

<지지 육합 구성도>

(4) 지지충

寅申(+) / 巳亥(-) / 子午(+) / 卯酉(-) / 辰戌(+) / 丑未(-)[135]

지지의 충도 천간의 충과 마찬가지로 양끼리 만나거나 음끼리 만나서 음양이 부조화 되는데다가 기질이 상반되는 오행인 木과 金, 火와 水가 각기 동과 서, 남과 북의 방위에서 정면 대치하는 것으로서, 180° 서로 마주보며 정면충돌하여 상극보다 더욱 큰 변화를 초래하는 작용을 말한다.

그러므로 지지충은 寅卯辰 동방목국과 申酉戌 서방금국간, 巳午未 남방화국

---
[135] 寅申은 양지(陽支)충, 巳亥는 음지(陰支體)충, 子午는 양지(체)충, 卯酉는 음지충, 辰戌은 양지충, 丑未는 음지충이다.

과 亥子丑 북방수국간의 상충이다. 개별적으로는 子午, 丑未, 寅申, 卯酉, 辰戌, 巳亥가 상충한다.

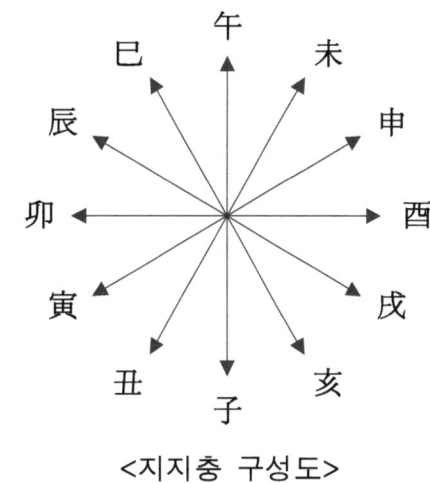

<지지충 구성도>

지지도 천간과 마찬가지로 순서상 7번째 닿는 지지와 충이 된다. 그러므로 지지충도 칠충(七沖)이다.

충(衝)하면 움직인다(動). 그러므로 지지충은 이동, 분리, 변동, 파괴 등을 의미한다. 기본적으로 기반·터전의 붕괴이므로 갑작스런 사고·사업부도·질병·수술·사별·살상·관재송사 등으로 파란이 따르는 경우가 많다.

천간충과 마찬가지로 충하면 갑자기, 뜻밖에 움직이게 되는 일이 생긴다(이사, 이직, 사직, 유학, 이민, 별거, 이혼 등). 갑작스런 변동으로 인해 혼란이 야기되고 뜻밖의 사건·사고가 생길 수 있으므로 충되는 운에서는 매우 신중하고 조심스럽게 처신해야 한다. 운에서 와서 충이 되면 운의 육신이나 물상과 관련된 것이 원인 제공자이다.

충하는 자가 유력하면 능히 제거하는 힘이 있는데, 흉신을 제거하면 이롭고 길신을 제거하면 불리하다.

> "(운에서) 왕자가 쇠자를 충하면 쇠자는 뽑혀 버리고, 쇠신이 왕신을 충하면 왕신이 발기(반격)한다(旺者沖衰, 衰者拔, 衰神沖旺, 旺神發)."
> ─ 『적천수』 지지(地支)

『적천수천미』에 수록된 '旺者沖衰, 衰者拔', '衰神沖旺, 旺神發' 사례

'旺者沖衰, 衰者拔' 사례 癸 丙 辛 戊 巳 午 酉 辰 丁 丙 乙 甲 癸 壬 卯 寅 丑 子 亥 戌 (旺者: 子水, 衰者: 午火)	金(재성)이 월령에 있어 이미 왕한데 연주의 土(식신)마저 도와주므로 金이 더욱 왕성하다. 일간 丙은 일지·시지의 巳午(녹왕)에 뿌리를 두었다. 따라서 부잣집 출신이다. 　그러나 가을이라 이미 때가 지난 火는 약한데 木(인성)마저 없으므로 火가 더욱 약하다. 그리고 辰酉합, 巳酉반합으로 金이 더욱 왕해지고, 巳는 일간의 뿌리로서만 역할하지는 않는다. 　子대운에 子辰반합 수국(水局)이 되는데다 金으로부터도 도움을 받는 왕성한 子水가 쇠약한 午火를 충해서 뽑아버려 일간의 뿌리가 사라지므로 인해 패가망신하였다.
'衰神沖旺, 旺神發' 사례 戊 戊 戊 戊 午 戌 午 子 甲 癸 壬 辛 庚 己 子 亥 戌 酉 申 未 (旺者: 午火, 衰者: 子水)	원국에 火土가 가득하여 사주가 매우 조열하며, 子水는 쇠약하고 午火는 왕하다. 쇠약한 子水가 왕한 午火를 충해서 午火가 발기(반격)하니 오히려 더 뜨거워졌으며 남은 한 방울의 물마저 말라버렸다. 　따라서 초년 己未대운에 부모를 여의고 고생이 매우 많았다. 庚申·辛酉대운에 金이 土의 기운을 빼내어 水를 생하게 되니 사업도 하고 가정을 이루어 자식을 낳았다. 그러나 壬戌대운에 午戌합 화국(火局)이 되면서 다섯 식구 모두가 화재로 사망하였다.

辰戌丑未 사고지(四庫支)의 경우 충이 되어야만 과연 그 안에 저장된 천간을 꺼내 활용할 수 있는지 여부를 두고 아직 정설이 없으나 『적천수』에서 상호 모순된 견해를 제시한 것이 논란의 발단이다.

"사고(四庫: 辰戌丑未)의 충도 역시 마땅한 바도 있고 그렇지 못한 바도 있다. 살펴보건대 3월[辰]의 乙木과 6월[未]의 丁火는 비록 퇴기(退氣)이지만 만약 (乙木과 丁火가) 사령하였다면 용신(用神)이 될 수도 있는데 충이 되어 손상을 받으면 쓸 수가 없는 것이다. 이른바 묘고(墓庫)는 충을 만나야 발휘된다는 것은 후세 사람들의 잘못이다."[136]

"寅申巳亥는 生方이니 충동되는 것을 꺼리고, 辰戌丑未는 四庫이므로 충이 되어 열리는 것이 마땅하다."[137]

◎ 寅申・巳亥충: 생지충, 역마충, 관재(官災)・교통사고, 주거・직업변동 많다. 실속없이 바쁘다. 형권・병권・숙살지권을 갖는 직업(법관・검찰・경찰・군인・의사・약사・금융)에 인연

◎ 子午・卯酉충: 왕지충, 도화충, 주색(酒色)으로 재앙, 외도로 인한 남녀 간의 애정 갈등, 비뇨・생식기 질환, 신경질환, 디스크 질환

◎ 辰戌・丑未충: 고지충, 화개충, 붕충(朋沖), 친구・형제간의 재산 분쟁・배신・사기, 토지에 관련된 관재구설(官災口舌)・송사(訟事)・다툼 발생

| <곤명>
戊 丙 戊 丁
戌 子 申 亥

55 45 35 25 15 5
甲 癸 壬 辛 庚 己
寅 丑 子 亥 戌 酉 | 丙일간이 戌외는 뿌리가 없다. 土의 설기가 과다하고 水가 왕하다. 戌과 子사이에 亥도 끼어있어 암암리에 작용한다. 남편은 1살 연하인 戊子생이다.
본인은 평소 심장(火)이 약해 심장질환을 앓았는데 癸丑대운 54세 庚辰년에 심장마비로 사망했다.
亥子丑방합, 申子辰삼합으로 水氣가 더욱 왕해지고 辰戌충으로 丙일간의 유일한 통근처[뿌리]인 戌중 丁火가 辰중 癸水에 의해 꺼져버렸기 때문이다. |

---

136) 『滴天髓』 地支, "至於四庫之沖, 亦有宜不宜. (…) 按三月之乙, 六月之丁, 雖屬退氣, 若得司令, 竟可爲用, 沖則受傷, 不足用矣. 所謂墓庫逢沖則發者, 後人之謬也."
137) 『滴天髓』 地支, "寅申巳亥生方也, 忌沖動, 辰戌丑未四庫也, 宜沖則開."

육기(六氣)와 지지충

육기(六氣)는 풍(風)·열(熱)·습(濕)·화(火)·조(燥)·한(寒)의 여섯 가지 기후의 총칭으로 이들은 천지(天地) 음양의 소장(消長)과 오행의 작용으로 생기는 것이다. 오행의 상생(相生) 순서에 따른 배열순서는 풍(風)·열(熱)·화(火)·습(濕)·조(燥)·한(寒)이다. 오행의 상생 순서에 따른 육기의 배열순서는 이미 『황제내경소문(黃帝內經素問)』 <육미지대론(六微旨大論)>에 서술되어 있다.[138]

오행과 육기는 본래 같은 것으로, 하늘에서는 무형(無形)의 육기[139]가 되고 땅에서는 유형(有形)의 오행[140]이 된다. 예를 들면,

풍(風)은 하늘에서는 무형의 풍기(風氣)가 되고, 땅에서는 유형의 木이 되며, 동쪽에서 木으로 화(化)한다.

열(熱)은 하늘에서는 무형의 열기(熱氣)가 되고, 땅에서는 유형의 火가 되며, 남쪽에서 火로 화(化)한다.

습(濕)은 하늘에서는 무형의 습기(濕氣)가 되고, 땅에서는 유형의 土가 되며, 중앙에서 土로 화(化)한다.

조(燥)는 하늘에서는 무형의 조기(燥氣)가 되고, 땅에서는 유형의 金이 되며, 서쪽에서 金으로 화(化)한다.

한(寒)은 하늘에서는 무형의 한기(寒氣)가 되고, 땅에서는 유형의 水가 되며, 북쪽에서 水로 화(化)한다.

오행은 다섯이고 육기는 여섯으로 두 가지가 서로 합해지면 풍생목(風生木)·열생화(熱生火)·습생토(濕生土)·조생금(燥生金)·한생수(寒生水)가 된다. 오

---

[138] 『黃帝內經素問』 권19, <六微旨大論>, "顯明(日出之位)之右, 君火之位也; 君火之右, 退行一步, 相火治之; 復行一步, 土氣治之; 復行一步, 金氣治之; 復行一步, 水氣治之; 復行一步, 木氣治之; 復行一步, 君火治之."

[139] '무형의 육기'란 '유형인 오행'에 대비하여 표현한 것으로, 눈에 보이지 않는다는 의미이며 자연계 내의 기후현상을 말한다. 즉 바람이 불고, 더위가 몰려오며, 비가 내려 습기가 차고, 가을에 대지가 가물어 바짝 마르게 된다든가 또는 추위가 심해지게 되는 등의 현상이 모두 포함되는 것이다.

[140] '유형의 오행'이란, 일반적으로 인식하고 있는 음양오행론의 철학적 개념인 오행이나 운기론의 계산을 위한 기호로서의 오행이라기보다 최초의 오행이 실물적인 개념과 마찬가지로 나무·불·흙·쇠·물과 같은 눈에 보이는 실제적인 사물을 의미하는 것이다.

행 가운데 火는 두 가지가 있으니 본래 같은 종류이되 작용에 있어서는 군화[君火: 임금에 해당하는 의미의 화]와 상화[相火: 재상에 해당하는 의미의 화]로 나누어진다. 군화는 열(熱)·서(暑)로 작용하고 상화는 화(火·光)로 발현된다.

이렇게 오행과 육기에 있어서 합하면 다섯이 되고, 나누면 여섯이 된다. 육(六)은 천이 되고 오(五)는 지가 되므로, 이를 흔히 천육지오(天六地五)·천기지형(天氣地形)이라고 하며, 육과 오가 서로 합하여 만물이 끝없이 이루어지게 된다.

육기는 하늘에 있는 무형의 기(氣)이다 보니 사람들이 감각할[느낄] 수는 있으나 쉽게 관찰할[볼] 수는 없다. 다만 육기의 작용과 육기가 드러내는 현상은 사람들이 쉽게 깨달을[알] 수 있다.

이렇게 현상으로 드러나는 것을 삼음삼양(三陰三陽), 즉 궐음(厥陰)·소음(少陰)·태음(太陰), 소양(少陽)·양명(陽明)·태양(太陽)이라 했고, 풍(風)·열(熱:暑·君火)·습(濕)·화(火:相火)·조(燥)·한(寒)의 육기와 연관시켰다.

삼음삼양은 육기가 변화한 것으로서, 巳亥궐음풍목(厥陰風木), 子午소음군화(少陰君火), 丑未태음습토(太陰濕土), 寅申소양상화(少陽相火), 卯酉양명조금(陽明燥金), 辰戌태양한수(太陽寒水)가 된다.

육기는 상대적이고 대칭하는 두 지지(地支)의 기가 하나의 기로 합해지는 것[六沖化氣]이므로 이를 십이지(十二支)에 각기 배합하면 <표>와 같다.

<십이지의 육충화기(六沖化氣)>

一陰[厥陰]		二陰[少陰]		三陰[太陰]		一陽[少陽]		二陽[陽明]		三陽[太陽]	
풍목(風木)		군화(君火)[熱]		습토(濕土)		상화(相火)[火]		조금(燥金)		한수(寒水)	
亥	巳	子	午	丑	未	寅	申	卯	酉	辰	戌

이를 십이지와 배합하고 연월일시, 오행 및 방위와 연관을 지어 기후의 변화를 예측한다. 육기에는 주기(主氣)와 객기(客氣), 객주가림(客主加臨)의 세 종류가 있다. 주기는 정상적인 기후 변화, 객기는 비정상적인 기후 변화를 예측하는데 이용하고, 객주가림은 기후의 이상과 복잡한 변화를 분석하는 데 이용한다.

앞에서 살펴본 바와 같이 삼음삼양의 순서는 기본적으로 木火土金水 오행의 상생 순서이지만 중간에 상화(相火)가 하나 더 있어서 약간의 차이가 있다. 육기(六氣)와 지지(地支)의 대응에 근거하면, 대체로 子·午년은 군화의 해에 속하여 기가 덥게 변하고, 丑·未년은 태음습토에 속하여 기후가 습하다. 이것은 연간의 기후를 계산하는 방법이다.

충(衝·沖)은 음양이 조화되지 않고, 金과 木, 水와 火처럼 방위상 서로 대립하며 기질이 상반되는 오행끼리 정면으로 충돌하여 변화를 일으키는 작용이다. 합(合)하고 화(化)하는 것은 하나의 음(陰)과 하나의 양(陽)이 만나서 만물을 낳는 부부(夫婦)의 도(道)와 같아서 일음일양의 배합(一陰一陽之配合)으로 구성된다.

그러나 충은 편음(偏陰)·편양(偏陽)으로 구성되어 음양이 부조화(不調和)된다. 즉, 충은 양끼리 만나거나 음끼리 만나서 음양이 부조화되는 데다가 기질이 상반되는 오행인 木과 金, 火와 水가 각기 동(東)과 서(西), 남(南)과 북(北)의 방위에서 정면 대치(對峙)하는 것으로서, 180° 서로 마주 보며 정면충돌하여 상극보다 더욱 큰 변화를 초래하는 작용을 말한다.

그러므로 충을 할 때는 합과 달리 오행의 변화는 생기지 않으나 기세의 변화는 있다고 한다. 상극(相剋)이 상생(相生)의 상대 개념이라면, 충은 합의 상대 개념으로서, 상극보다 더 직접적이며 적극적인 변화를 가져온다. 합과 충은 이를 구성하는 간지(干支)들이 서로 화합하거나 충돌하여 그것들의 특성이나 작용이 변화하는 가능성을 설명하는 개념이다.

정면으로 서로 마주 보는 사해(巳亥)는 합해서 풍기(風氣)가 되고, 자오(子午)는 합해서 열기(熱氣), 축미(丑未)는 합해서 습기(濕氣), 인신(寅申)은 합해서 화기(火氣), 묘유(卯酉)는 합해서 조기(燥氣), 진술(辰戌)은 합해서 한기(寒氣)가 된다.

그러므로 육충화기는 십이지를 삼음(궐음-소음 태음)·삼양(소양-양명-태양)으로 구분하고, 육기[風-熱(暑·君火)-濕-火(相火)-燥-寒]를 배합하고, 이를 다시 오행과 결합한 형식으로 표현된다.

운기학설(運氣學說)은 천지(天地)자연의 춘하추동 사시의 기후 변화를 예측하고 그 기후가 사람[人]의 건강·질병에 미치는 영향과 치료를 탐구하는 것이며, 명리학(命理學)은 사람[人]이 태어날 때 하늘[天地자연]로부터 품부(稟

賦)받은 기(氣)의 혼명(昏明)·청탁(淸濁)·후박(厚薄) 등에 따라 빈부·귀천·요수(夭壽)·현우(賢愚) 등의 길흉화복을 예측하는 것으로 운기학설과 명리학은 모두 천지인(天地人) 삼재(三才)·삼원(三元)에 바탕을 두고 있다.

운기학설과 명리학의 공통점은 양자 모두 음양(陰陽)·오행(五行)·천간(天干)·지지(地支)·육십갑자(六十甲子) 등을 활용하여 자연의 질서와 그에 상응하는 인사(人事)관계를 해석하는 것으로 천인합일(天人合一)·천인상감(天人相感) 관계에 기반을 둔다는 것이다.

<십이지의 육충화기도>

천(天)으로 대표되는 천지(天地)자연과 인간[人]의 관계는 서로 단절되고 고립된 것이 아니라 상호작용하는 관계로서, 모두 같은 근원에서 나오고 하나의 기(氣)로부터 화생(化生)하여 상호연계성을 갖는 유기적(有機的) 관계라는 의미이다.

두 학설의 차이점은 명리학은 오행의 '생극제화(生剋制化)'를 모두 사용해서 십성(十星)을 도출하여 명(命)을 추리하는 데 활용하는 반면, 운기학설은 생극제화에서 '화(化)'인 합화(合化)·충화(衝化)를 위주로 활용한다는 것이다. 사용하는 용어와 기준으로 삼는 원칙이나 재료 등은 같으나, 그것을 분석하는 방법과 그 내용을 해석·예측하여 활용하는 방법은 다르다고 볼 수 있다.

인간 운명(運命)의 향방을 추론하는 것을 목적으로 삼는 명리학과 기후(氣候)·기상(氣象) 변화와 질병을 예측하는 유기학설은 서로 공유할 여지가 없는 것 같이 보이지만, 인간 운명을 예측하는 과정에서 개인의 질병·건강 부분은 중요한 관심 분야의 하나이므로 서로 통섭(通涉)할 필요가 있다.

(5) 지지형

寅巳申 / 丑戌未 / 子卯 / 辰辰, 午午, 酉酉, 亥亥

지지형이 구성되는 원리는 먼저 지지 삼합(三合)과 방합(方合)의 교제에서 찾을 수가 있다. 지지 삼합이 서로 생조(生助)하는 지지 방합과 만나면 그 기세가 지나치게 강왕(强旺)해져서 오히려 형살(刑殺)이 작용한다는 뜻에서 지지의 형이 비롯된다.

모든 사물은 너무 강하면 오히려 꺾이기가 쉽고(太剛則折), 가득차면 반드시 덜어지고(滿則招損), 정도가 지나침은 도리어 미치지 못한 것과 같다(過猶不及)는 자연의 이치에서 지지형이 생겨나는 것이다. 그러므로 형(刑)은 생명(生命)을 다루는 숙살지권(肅殺之權: 法警檢軍醫藥刀·金融), 깎아내고 덜어내며 변형시키는 가공(加工)과 관련이 많다.

<지지의 삼합과 방합, 형의 생성 관계>

삼합	申子辰	水局	寅午戌	火局	巳酉丑	金局	亥卯未	木局
방합	寅卯辰	木局(동)	巳午未	火局(남)	申酉戌	金局(서)	亥子丑	水局(북)
형	申子辰 ㅣㅣㅣ 寅卯辰		寅午戌 ㅣㅣㅣ 巳午未		巳酉丑 ㅣㅣㅣ 申酉戌		亥卯未 ㅣㅣㅣ 亥子丑	

申子辰 水局이 寅卯辰 동방 木을 만나면, 왕한 木이 더욱 왕강해지므로 중화(中和)를 잃어버려서 申은 寅을 형하고, 子는 卯를 형하고, 辰은 辰 자신을 형하는 것이다.

寅午戌 火局이 巳午未 남방 火를 만나면, 왕한 火가 더욱 왕강해지므로 중화를 잃어버려서 寅은 巳를 형하고, 午는 午 자신을 형하고, 戌은 未를 형하는 것이다.

巳酉丑 金局이 申酉戌 서방 金을 만나면, 왕한 金이 더욱 왕강해지므로 중화를 잃어버려서 巳는 申을 형하고, 酉는 酉 자신을 형하고, 丑은 戌을 형하는 것이다.

亥卯未 木局이 亥子丑 북방 水를 만나면, 왕한 木이 더욱 왕강해지므로 중화를 잃어버려서 亥는 亥 자신을 형하고, 卯는 子를 형하고, 未는 丑을 형하는 것이다.

즉 삼합하는 오행이 방합의 자리로 돌아가면 더욱 강왕해져서 그 절도를 잃기 때문에 형벌을 받게 된다는 논리이다.

寅申과 丑未가 상충(相沖)에 속하는 것을 제외하면 寅巳, 巳申, 丑戌, 戌未는 삼형(三刑)이 되고141) 子卯는 상형(相刑)이 되고 辰午酉亥는 자형(自刑)이 된다.

그리고 巳와 申이 합이 되면서 서로 형이 되는 것은 어째서인가? 申 중의 水가 도리어 申金을 낳은 어머니인 巳火를 극하는 관살이 결국 되므로 巳와 申은 형이 되는 것이다.

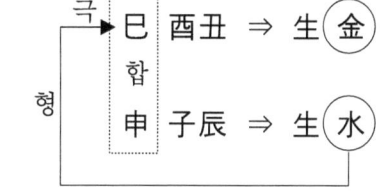

<巳申 형과 합의 관계>

◎ 寅巳申 삼형: 역마살형, 매사에 속전속결, 성급하게 덤벼들었다가 후회, 실속없이 동분서주, 교통사고, 감금·구속, 관재수(官災數), 여자인 경우 본인이 생업에 종사(남편 복 없다)

◎ 丑戌未 삼형: 백호살형, 붕형(朋刑), 사고, 관재, 형제·친구·동료에게 배신·사기·횡령, 부동산으로 사기·송사, 평소 친한 사이였는데 사소한 금전·이해관계 또는 권리 다툼으로 인하여 불신·배신·사기·다툼, 여자인 경우에는 부부 불화 또는 이별 등으로 고독

◎ 子卯형: 도화살형, 남녀간의 애정문제, 자식문제, 불륜·간통·성욕 등으로 인한 관재·구설·시비, 성병·생식기(자궁·방광·비뇨기·전립선) 질환, 마약·약물중독·음독(飮毒)

◎ 辰辰, 午午, 酉酉, 亥亥 자형(自刑)142): 남에게 말 못할 고민거리 많다. 양자택일의 갈등, 신체 불구, 정신박약, 쌍둥이

---

141) 寅申과 丑未는 충도 되고 형도 되고, 巳申은 육합도 되고 형도 되는 의미가 함께 있다.
Ex) 원국에 丑未만 있을 때는 형보다 충의 의미가 강하다가 운에서 戌이 오면 형이 의미가 가중된다.
142) 뒤의 신살에서 살펴볼 전지살(轉止殺)과도 유사한 면이 있다.

(6) 파·해·원진

파: 子酉, 丑辰, 寅亥, 卯午, 巳申, 戌未 / 변동·정리·파괴·교정
해: 子未, 午丑, 寅巳, 申亥, 卯辰, 酉戌 / 육합을 방해하는 충 되는 글자
　　　　　　　　　　　　　　　　　(방해·원망)

양지(陽支)는 역행하여 4번째, 음지(陰支)는 순행하여 4번째 지지가 파(破)가 된다. 파는 변동·정리·파괴·교정 등을 의미한다.

해(害)는 지지 육합을 충으로 방해하는 글자이다. 예를 들면 子丑합이 되는 丑未충으로 합을 방해하는 未는 子와 해가 되고, 子午충으로 합을 방해하는 午는 丑과 해가 된다. 그러므로 해는 일의 성사를 방해하여 원망이 생기는 의미를 내포한다.

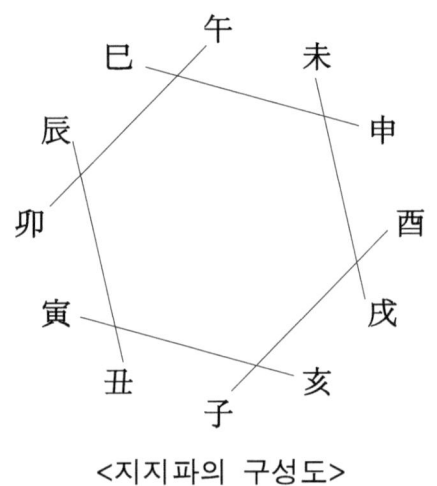

<지지파의 구성도>

파와 해는 충이나 형만큼 사주를 움직이는 힘이 강하지는 않다. 그러나 파·해로 인하여 충·형이 동하거나, 사주 오행이 편중되어 있거나 조후가 안 되어 있을 경우에는 영향이 있다. 합·충·형·원진·귀문관살과 겹치는 경우는 합·충·형·원진·귀문관살로 해석한다.

원진(怨嗔·元嗔·元辰)은 충하는 지지의 전후(前後) 바로 다음 지지이다. 양지(陽支)는 충한 후 순행(順行)하여 바로 다음에 만나는 관계가 원진이고, 음지(陰支)는 충한 후 역행(逆行)하여 바로 다음에 만나는 관계가 원진이다. 따라서 원진은 충하고 나서 만나는 것이므로 싸움을 하고 나서 그 앙금으로 서로 미워하고 원망하는 것이다.

子는 양(陽)143)이므로 午를 충하고 나서 순행하여 未를 곧바로 만나므로 子未가 원진이다.

---

143) 亥子水와 巳午火의 음양은 본질인 체(體)로서 본다.

丑은 음(陰)이므로 未를 충하고 나서 역행하여 午를 곧바로 만나므로 丑午가 원진이다.

寅은 양이므로 申을 충하고 나서 순행하여 酉를 곧바로 만나므로 寅酉가 원진이다.

卯는 음이므로 酉를 충하고 나서 역행하여 申을 곧바로 만나므로 卯申이 원진이다.

辰은 양이므로 戌을 충하고 나서 순행하여 亥를 곧바로 만나므로 辰亥가 원진이다.

巳는 음이므로 亥를 충하고 나서 역행하여 戌을 곧바로 만나므로 巳戌이 원진이다.

지지 배열상 원진은 나[我支·日支]와 충(沖)이 되는 지지와 삼합(三合)이 되는 지지의 사이에 위치한다. 충은 충돌을, 삼합은 화합을 의미한다는 점을 고려해볼 때 원진은 충돌과 화합 사이에서 번뇌하고 갈등하는 의미를 함축하고 있다. 음양의 결합을 상징하는 남녀 간의 궁합에서 대개 충은 기피되고 삼합은 선호된다. 그래서 원진은 함께 있으면 미워지고[충] 헤어져 있으면 그

<지지의 충과 원진, 삼합>

음양	양	음	양	음	양	음	양	음	양	음	양	음
我支	子	丑	寅	卯	辰	巳	午	未	申	酉	戌	亥
충	午	未	申	酉	戌	亥	子	丑	寅	卯	辰	巳
원진	未	午	酉	申	亥	戌	丑	子	卯	寅	巳	辰
삼합지	申	巳	戌	未	子	酉	寅	亥	辰	丑	午	卯
삼합	申子辰 / 寅午戌 / 巳酉丑 / 亥卯未											

리워지는[삼합] 이중적 의미로 인식되고 있는 것이다.

그러므로 원진의 작용은 애증(愛憎)의 교차(交叉)로 나타난다. 육친 간에 서로 미워하고 원망하며 증오하여 서로를 적대시하는 형국이다. 그래서 불화·반목·갈등·별거·이별·이혼·고독 등을 나타내지만 정작 헤어지면 다시 또 그리워져 보고 싶어하는 극단적인 감정의 이중 구조를 보여준다. 명

(命)에 원진이 있거나 운(運)에서 원진을 만나는 해에는 인덕이 없고 배은망덕한 일을 당하며 육친 간에도 무정해지고 정신적 갈등의 골이 더욱 깊어진다고 한다.

항간에서 원진살은 띠, 즉 생년지(生年支)를 기준으로 비교 평가하는 경우가 많은데, 그렇다면 생년지보다는 생일 지지, 즉 일지(日支)의 원진이 보다 영향력이 크다고 유추할 수 있다. 또한 일시(日時)에 원진이 있으면 부부 간은 물론 자식과의 불화도 암시한다고 볼 수 있다. 왜냐하면 사주명리에서는 일(日)은 나 자신과 배우자에 하고, 시(時)는 자식과 후손에 해당한다고 인식하기 때문이다.

> 사주 간지(干支)의 음양오행과 한난조습(寒暖燥濕)이 중화(中和)에 근접하면 지지의 충과 원진살, 형과 형살의 작용도 흉함이 감소하고 오히려 길함이 많아지며, 태과(太過)·편고(偏枯)하면 더욱 흉하게 작용하는 것으로 판단할 수 있다. 즉, 지지의 상호작용 관계로서 충과 형, 이에 따른 원진살과 형살 등이 결과적으로 길과 흉 중 어느 쪽으로 더 작용하느냐는 것은 충과 형 등의 작용 자체와 더불어 사주 전체의 음양오행과 한난조습의 중화지기(中和之氣) 달성 여부에도 달렸다.

<지지의 합·충·형·파·해·원진·귀문관살>

	子	丑	寅	卯	辰	巳	午	未	申	酉	戌	亥
합	丑	子	亥	戌	酉	申	未	午	巳	辰	卯	寅
형	卯	戌未	巳申	子	辰	寅申	午	丑戌	寅巳	酉	丑未	亥
충	午	未	申	酉	戌	亥	子	丑	寅	卯	辰	巳
원진	未	午	酉	申	亥	戌	丑	子	卯	寅	巳	辰
파	酉	辰	亥	午	丑	申	卯	戌	巳	子	未	寅
해	未	午	巳	辰	卯	寅	丑	子	亥	戌	酉	申
귀문	酉	午	未	申	亥	戌	丑	寅	卯	子	巳	辰

제8장. 십이운성·공망·신살

1. 십이운성
   십이운성의 운행과 적용에 관한 문헌 검토
   『자평진전』의 십이운성론
   십이운성과 육신의 참고자료
2. 공망
3. 신살

제8장. 십이운성·공망·신살

1. 십이운성

십이운성(十二運星)은 포태법(胞胎法)이라고 한다. 세상의 모든 생명체는 어머니 자궁(씨앗)에서 태어나서 자라고 성숙해서 왕성하게 활동하다가 결국에는 병들고 죽게 된다. 생로병사(生老病死)·영고성쇠(榮枯盛衰)하는 인생 행로에 비유하여 천간을 지지에 대입한 것이다. 십이운성은 오행의 생극제화가 아니라 기세(氣勢)의 순환·변화를 다루는 것이다.

▶ 십이운성 순서:
절(絶) → 태(胎) → 양(養) → 장생(長生) → 목욕(沐浴) → 관대(冠帶)
→ 건록(建祿) → 제왕(帝旺) → 쇠(衰) → 병(病) → 사(死) → 묘(墓)

▶ 십이운성의 각 의미를 사람 일생에 비교하면,
절(絶): 땅속에 있으며 아무 움직임이 없다[잠재·세포(細胞)]. 절멸(絶滅)의 상태에서 환생(還生)을 기다린다(絶處逢生): 甲申·乙酉·庚寅·辛卯
태(胎): 다시 태어나기 위해 어미 몸 안에 잉태된다(잉태). 낙태의 위험도 있다(不安)
양(養): 태어날 때까지 어미 몸 안에서 자란다(태교). 양자(養子)·육영(育英)
장생(長生): 어미 몸으로부터 태어난다(출생).
목욕(沐浴): 태어나 몸을 깨끗이 씻는다(목욕), 색정(色情)·도화·나체
관대(冠帶): 의관을 갖추고 학업에 힘쓴다(성장). 성인식·학창 시절
건록(建祿): 사회로 나가 직장을 다닌다(취직). 임관(臨官)·사회활동
제왕(帝旺): 직장에서 자신의 능력을 최고로 발휘한다(성공). 인생의 전성기
　　　　　　 丙午·戊午·壬子·丁巳·己巳·癸亥 일주　 부부 불화, 이혼, 독신
쇠(衰): 전성기를 지나 기력이 쇠약해진다(은퇴).
병(病): 기력이 더욱 쇠약해져서 병이 든다(노환). 산전수전을 겪은 뒤라 지모(智謀)가 출중, 노회(老獪: 경험이 많고 교활)

사(死): 수명을 다하니 죽는다(죽음), 육신은 사라지고 정신으로 유지, 종교·철학 충(沖)되는 욕지(浴地)운에서는 염(殮)한다. 甲午←子, 乙亥←巳
　　　　　　　　　　　　　　　　　　　　　　　　　庚子←午, 辛巳←亥
묘(墓): 죽어서 땅속에 묻힌다(무덤), 훗날을 대비하여 저축·저장(庫)

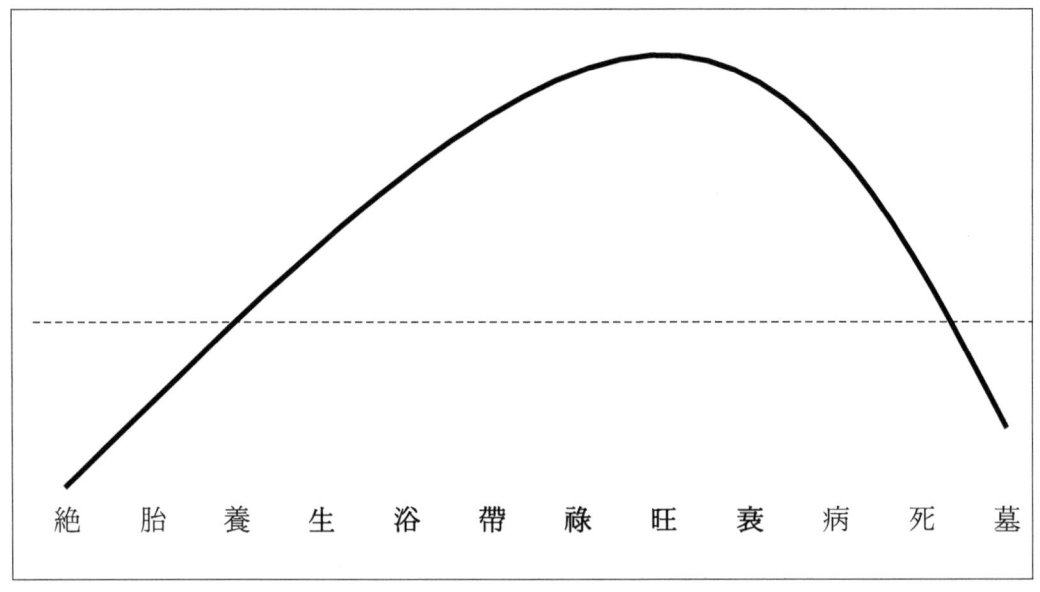

<십이운성의 기세(氣勢) 흐름>

病死墓絶胎養: 정신적, 안정적, 사색, 내향, 정적, 생각, 신중, 소극적, 의존, 음성(陰性), 이상(理想)지향
生浴帶祿旺衰: 활동적, 발전적, 행동, 외향, 동적, 실천, 과감, 적극적, 자립, 양성(陽性), 현실(現實)지향

▶ 십이운성을 짚는 법: 양순음역(陽順陰逆)
양간(陽干: 甲丙戊庚壬)은 각 絶지에서 순행(시계 방향)하여 '절→태→양→생→욕…'의 순으로,
음간(陰干: 乙丁己辛癸)은 각 絶지에서 역행(반시계 방향)하여 '절→태→양→생→욕…'의 순으로 짚어간다.

▶ 양간과 음간의 십이운성

• 양간의 生지는 음간의 死지(陽生陰死), 음간의 生지는 양간의 死지(陰生陽死)144)

Ex) 甲木은 亥에서 生하고 순행하여 午에서 死하는데,
    乙木은 午에서 生하고 역행하여 亥에서 死한다.
    丙火는 寅에서 生하고 순행하여 酉에서 死하는데,
    丁火는 酉에서 生하고 역행하여 寅에서 死한다.

• 양간의 生지는 지지 삼합의 첫 글자(甲—亥, 丙·戊—寅, 庚—巳, 壬—申)
— 대체로 丙과 戊, 丁과 己는 십이운성을 같이 본다(火土同宮說).145)
— 『회남자(淮南子)』「천문훈(天文訓)」에서는 土를 별도로 분리해서 인식한다.
  ※ 午戌寅(土삼합) / 寅午戌(火삼합)

"火는 寅에서 나고 午에서 성했다가 戌에서 죽는데 寅午戌 모두 火이다.
土는 午에서 나고 戌에서 성했다가 寅에서 죽는데 午戌寅 모두 土이다."

• 음간의 生지는 식신(食神)의 특성에 가깝다.
• 甲乙丙丁의 절지는 편관(偏官), 戊己庚辛壬癸의 절지는 편재(偏財)

<십이운성 조견표>

구분	甲	乙	丙	丁	戊	己	庚	辛	壬	癸
	편관						편재			
絶	申	酉	亥	子	亥	子	寅	卯	巳	午
胎	酉	申	子	亥	子	亥	卯	寅	午	巳
養	戌	未	丑	戌	丑	戌	辰	丑	未	辰
生	亥	午	寅	酉	寅	酉	巳	子	申	卯
浴	子	巳	卯	申	卯	申	午	亥	酉	寅
帶	丑	辰	辰	未	辰	未	未	戌	戌	丑
祿	寅	卯	巳	午	巳	午	申	酉	亥	子
旺	卯	寅	午	巳	午	巳	酉	申	子	亥
衰	辰	丑	未	辰	未	辰	戌	未	丑	戌
病	巳	子	申	卯	申	卯	亥	午	寅	酉
死	午	亥	酉	寅	酉	寅	子	巳	卯	申
墓	未	戌	戌	丑	戌	丑	丑	辰	辰	未

---

144) 임철초는 『적천수천미(滴天髓闡微)』에서 '음양동생동사(陰陽同生同死)'라고 하였다. 즉 오행포태(五行胞胎)를 적용하고 있다.
145) 『연해자평(淵海子平)』『삼명통회(三命通會)』『자평진전(子平眞詮)』은 화토동궁(火土同宮), 『이허중명서(李虛中命書)』『명리정종(命理正宗)』은 수토동궁(水土同宮)의 관점을 취하고 있다.

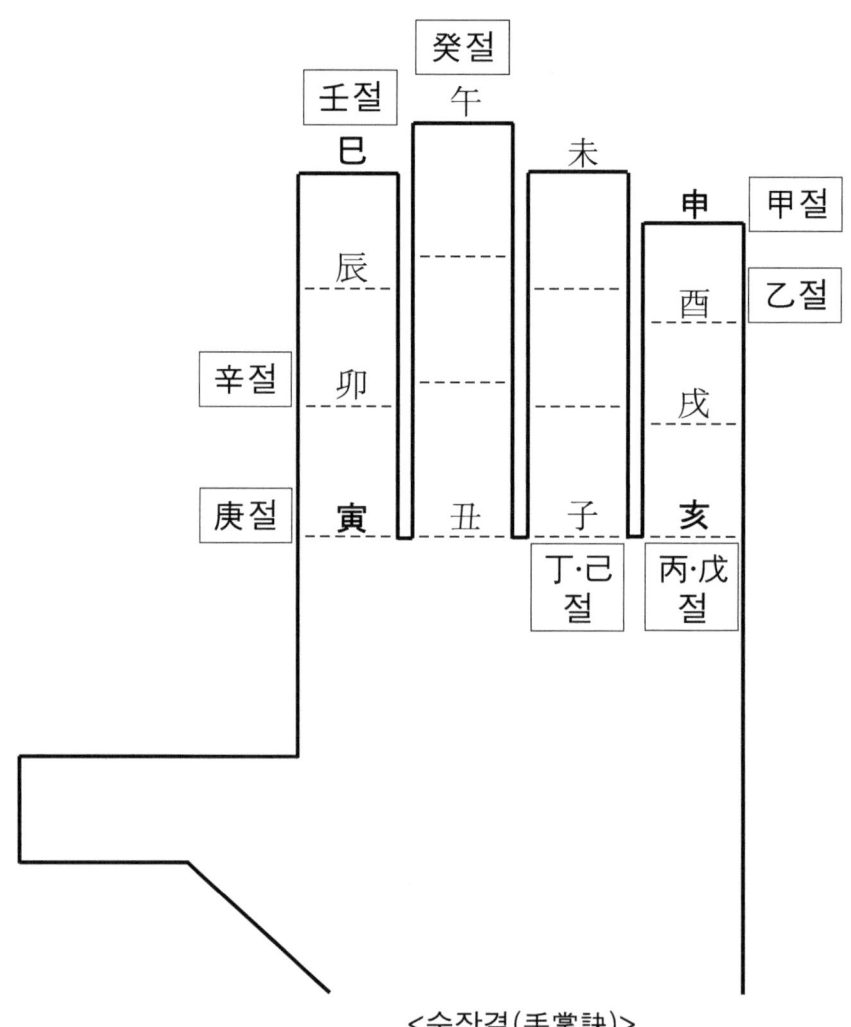

<수장결(手掌訣)>

甲子浴	乙丑衰	丙寅生	丁卯病	戊辰帶	己巳旺	庚午浴	辛未衰	壬申生	癸酉病
甲戌養	乙亥死	丙子胎	丁丑墓	戊寅生	己卯病	庚辰養	辛巳死	壬午胎	癸未墓
甲申絕	乙酉絕	丙戌墓	丁亥胎	戊子胎	己丑墓	庚寅絕	辛卯絕	壬辰墓	癸巳胎
甲午死	乙未養	丙申病	丁酉生	戊戌墓	己亥胎	庚子死	辛丑養	壬寅病	癸卯生
甲辰衰	乙巳浴	丙午旺	丁未帶	戊申病	己酉生	庚戌衰	辛亥浴	壬子旺	癸丑帶
甲寅祿	乙卯祿	丙辰帶	丁巳旺	戊午旺	己未帶	庚申祿	辛酉祿	壬戌帶	癸亥旺

	甲	乙	丙	丁	戊	己	庚	辛	壬	癸
子	浴	病	胎	絶	胎	絶	死	生	旺	祿
丑	帶	衰	養	墓	養	墓	墓	養	衰	帶
寅	祿	旺	生	死	生	死	絶	胎	病	浴
卯	旺	祿	浴	病	浴	病	胎	絶	死	生
辰	衰	帶	帶	衰	帶	衰	養	墓	墓	養
巳	病	浴	祿	旺	祿	旺	生	死	絶	胎
午	死	生	旺	祿	旺	祿	浴	病	胎	絶
未	墓	養	衰	帶	衰	帶	帶	衰	養	墓
申	絶	胎	病	浴	病	浴	祿	旺	生	死
酉	胎	絶	死	生	死	生	旺	祿	浴	病
戌	養	墓	墓	養	墓	養	衰	帶	帶	衰
亥	生	死	絶	胎	絶	胎	病	浴	祿	旺

絶	甲申	乙酉	庚寅	辛卯		
胎	丙子	戊子	丁亥	己亥	壬午	癸巳
養	甲戌	乙未	庚辰	辛丑		
生	丙寅	戊寅	丁酉	己酉	壬申	癸卯
浴	甲子	乙巳	庚午	辛亥		
帶	丙辰	戊辰	丁未	己未	壬戌	癸丑
祿	甲寅	乙卯	庚申	辛酉		
旺	丙午	戊午	丁巳	己巳	壬子	癸亥
衰	甲辰	乙丑	庚戌	辛未		
病	丙申	戊申	丁卯	己卯	壬寅	癸酉
死	甲午	乙亥	庚子	辛巳		
墓	丙戌	戊戌	丁丑	己丑	壬辰	癸未

<일간별 官星 입묘 지지>

일간	甲	乙	丙	丁	戊	己	庚	辛	壬	癸
편관(入墓)	庚(丑)	辛(辰)	壬(辰)	癸(未)	甲(未)	乙(戌)	丙(戌)	丁(丑)	戊(戌)	己(丑)
정관(入墓)	辛(辰)	庚(丑)	癸(未)	壬(辰)	乙(戌)	甲(未)	丁(丑)	丙(戌)	己(丑)	戊(戌)

<일간별 財星 입묘 지지>

일간	甲	乙	丙	丁	戊	己	庚	辛	壬	癸
편재(入墓)	戊(戌)	己(丑)	庚(丑)	辛(辰)	壬(辰)	癸(未)	甲(未)	乙(戌)	丙(戌)	丁(丑)
정재(入墓)	己(丑)	戊(戌)	辛(辰)	庚(丑)	癸(未)	壬(辰)	乙(戌)	甲(未)	丁(丑)	丙(戌)

<욕사(浴死)충: 변고(變故)·급사(急死)·애정사(愛情死) 발생>

	甲(寅)	庚(申)	乙(卯)	辛(酉)	丙(巳)	戊(辰戌)	壬(亥)	丁(午)	己(丑未)	癸(子)
浴	子	午	巳	亥	卯	卯	酉	申	申	寅
死	午	子	亥	巳	酉	酉	卯	寅	寅	申

※ 亥卯未생은 巳午未년, 寅午戌생은 申酉戌년, 巳酉丑생은 亥子丑년, 申子辰생은 寅卯辰년이 삼재(三災)에 해당한다.

    亥卯未 삼합은 甲木의 기운을 띠는데 甲은 巳에서 병들고, 午에서 죽고, 未에서 땅속에 묻힌다. 寅午戌 삼합은 丙火의 기운을 띠는데 丙은 申에서 병들고, 酉에서 죽고, 戌에서 땅속에 묻힌다. 삼재는 삼합 화기(化氣)의 病·死·墓支에 해당한다. 그러므로 亥卯未생은 巳午未년, 寅午戌생은 申酉戌년이 삼재가 된다. 다른 띠의 경우도 마찬가지이다.

    삼재가 해당되는 해에는 인재(人災)로서 사업실패, 사업부진, 금전손해 등이 생기고, 관재(官災)로서 소송을 당하거나 형벌을 입는 일이 생기고, 우환(憂患)으로서 본인이나 집안에 질병, 불의사고 등이 생긴다고 한다. 특히 삼재가 시작되는 첫해는 寅申巳亥의 역마(驛馬)이므로 이동이나 변동이 잦은데, 특히 이때 삼재의 재앙이 발생하는 경우가 많다.

<십이운성 적용법>

① 봉법(逢法): 일간이 각 지지에 어떤 십이운성인지 보는 것.
② 거법(居法): 연월시 각 천간이 동주(同柱)하는 지지에 어떤 십이운성인지 보는 것.
③ 좌법(坐法): 지장간의 각 천간이 해당 지지에서 어떤 십이운성인지 보는 것.
④ 인종(引從): 지장간에 없는 오행의 천간을 가상으로 불러와 그 천간이 해당 지지에서 어떤 십이운성인지 보는 것 ㉠ 음양간 동일하게 적용 ㉡ 지지와 음양을 맞추어 적용

세운	대운	시	일	월	연	
丙	丙	戊	甲	辛	丁	坤命
식신	식신	편재		정관	상관	
申	辰	辰	申	亥	未	
편관	편재	편재	편관	편인	정재	
絶	衰	衰	絶	生	墓	봉법
病	帶	帶	〃	浴	帶	거법
		乙(상관)-帶 癸(정인)-養 戊(편재)-帶	戊(편재)-病 壬(편인)-生 庚(비견)-祿	戊(편재)-絶 甲(비견)-生 壬(편인)-祿	丁(상관)-帶 乙(겁재)-養 己(정재)-帶	좌법
		丙(식신)-帶 庚(편관)-養	甲(비견)-絶 丙(식신)-病	丙(식신)-絶 庚(편관)-病	庚(편관)-帶 壬(편인)-養	인종㉠
				丁(상관)-胎 辛(정관)-浴	辛(정관)-衰 癸(정인)-墓	인종㉡

丙 癸 壬 辛 <건명> 1961년생
辰 未 辰 丑

75 65 55 45 35 25 15 5
甲 乙 丙 丁 戊 己 庚 辛
申 酉 戌 亥 子 丑 寅 卯

여러 직업 전전, 자동차보험 영업을 가장 오래했다. 슬하 2남.
丁亥대운 戊子년 丁巳월(48세) 장인(辛) 소개로 들어간 건축자재 회사에서 천정 크레인줄에 목이 감겨 사망했다. 혈우병을 앓던 남동생이 본인보다 수년 전 먼저 죽었다. 壬 겁재는 辰에, 癸 본인은 未에서 스스로 묘(墓)에 빠진다(自墓).

丁 丙 辛 辛   <아내> 1961년생
酉 午 丑 丑   9대운

재력 있는 딸부잣집의 장녀, 지방사립대 한문교육과 졸업.
고등학교 때부터 위 남편과 연애해서 결혼했다.
일지 午에 水 관성이 절지(絶支)·태지(胎支)에 들어 무력하다.
丙午일주는 간여지동(干與支同)으로 부부인연 약하다.
부친[辛]이 육성회장으로 있는 사립여중고의 한문 선생으로 취직. 이후 교감·교장으로 고속 승진.
시아버지[丁火겁재]가 공금을 횡령하여 중국으로 도피하는 바람에 뒷감당을 다했다.

癸 戊 己 壬   <건명> 2012년생
亥 戌 酉 辰

71 61 51 41 31 21 11 1
丁 丙 乙 甲 癸 壬 辛 庚
巳 辰 卯 寅 丑 子 亥 戌

출산 택일해서 2012년 10월 4일 밤9시 48분 출생, 2012년 10(庚戌)월 9(癸卯)일 아침 7시 사망하였다. 戊가 辰(관대), 酉(死), 戌(墓), 亥(絶)에 들어 그 기세가 매우 무력하다.

십이운성의 운행과 적용에 관한 문헌 검토

십이운성의 운행(運行)과 관련하여 '양순음역(陽順陰逆)·양생음사(陽生陰死)·음생양사(陰生陽死)'와 '음양순행(陰陽順行)·동생동사(同生同死)'의 관점이 존재한다. 대부분의 명리문헌이 양순음역·양생음사·음생양사의 관점을 취하는 데 반해,

① 전국시대의 낙록자가 지은 것으로 전해지는 『낙록자부』에 오대 말-북송 초의 서자평이 주석을 달았다고 알려진 『낙록자삼명소식부주』 ② 조선조 음양과 명과학의 필수과목이었던 『원천강오성삼명지남』 ③ 1600년대 중반 청대 초의 명리학자 진지린의 저술 『명리약언』146) ④ 1840년대 후반 청대의 명리학자 임철초가 명대 초의 명리서인 『적천수』에 자신의 새로운 주석과 실증 사례를 보태어 저술한 『적천수천미』147) 등은 음양순행·동생동사의 관점을 취하고 있다.148)

그리고 십이운성의 적용(適用)과 관련하여 화토(火土)동궁과 수토(水土)동궁의 관점이 대립하고 있다. 참고로 살펴보면 『연해자평』·『삼명통회』·『자평진전』·『적천수천미』 등은 화토동궁, 『옥조정진경』·『이허중명서』·『낙록자부주』·『낙록자삼명소식부주』·『원천강오성삼명지남』·『명리정종』 등은 수토동궁의 관점을 취하고 있다.149)

---

146) 陳素庵 지음, 韋千里선집, 『精選命理約言』(香港: 上海印書館, 1987), 76쪽, <十干生旺墓等位論>, "甲乙은 하나의 木으로서 陰陽이 나뉠 뿐이며 死木과 活木의 둘로 나눌 수는 없다. 이미 하나의 木이므로 같은 곳에서 살고 같은 곳에서 죽는다(甲乙一木, 而分陰陽, 非可以死木活木歧而二之, 旣爲一木, 同生同死)."
147) 劉伯溫 지음, 任鐵樵 증주, 袁樹珊 찬집, 『滴天髓闡微』(臺北: 武陵出版有限公司, 1997), 54쪽, <干支總論>, "이로 미뤄보건대 陰陽은 同生하고 同死한다는 것을 알 수 있다. 만약 陰陽을 順逆으로 고정시켜 놓고 陽이 生하는 곳에서 陰이 死하고, 陰이 生하는 곳에서 陽이 死하는 것으로 命을 추론한다면 큰 잘못이다(由此觀之, 陰陽同生同死可知也. 若執定陰陽順逆, 而以陽生陰死, 陰生陽死論命, 則大謬矣)."
148) 십이운성의 운행(運行)에서 12지지(地支)를 양간(陽干: 甲丙戊庚壬)은 순행하고, 음간(陰干: 乙丁己辛癸)은 역행하여 '포(절)→태→양→장생→목욕…'의 순으로 나아가는 것을 '양순음역(陽順陰逆)', 음양간 모두 동일하게 순행하여 나아가는 것을 '음양순행(陰陽順行)'이라 한다. '양순음역'이면 양간이 생(生)하는 지지에서 음간은 사(死)하고, 음간이 생하는 지지에서 양간은 사하므로 '양생음사(陽生陰死)·음생양사(陰生陽死)'라 한다. '음양순행'이면 음양간 모두 동일한 지지에서 생하고 사하므로 '음양동생동사(陰陽同生同死)'라 한다.
149) 김만태, 「중국 명리원전 『낙록자삼명소식부주』 고찰」, 『동양문화연구』 24(영산대학교 동양문화연구원, 2016), 336~337쪽.

『자평진전』의 십이운성론
음간(陰干)과 양간(陽干)의 생왕사절(生旺死絶)을 논함

천간은 쉬지 않고 움직이고 지지는 고요하다. 각각의 천간이 12지지의 달을 유행하면서 생왕묘절 등의 관계가 맺어진다(干動而不息, 支靜而有常. 以每干流行於十二支之月, 而生旺墓絶繫焉).

陽은 모여서 앞으로 나아가는 속성이 있으므로 주로 순행하고, 陰은 흩어져 뒤로 물러나는 속성이 있으므로 주로 역행하게 된다. 이것을 설명한 것이 바로 장생, 목욕 등의 학설인 바, 양은 순행하고 음은 역행하는 특수성을 지니게 된 것이다. 사계절을 운행하면서 이미 공을 이룬 오행은 물러가고, 장차 쓰이려고 대기하고 있는 오행은 앞으로 나오게 된다. 그러므로 각각의 천간은 12지지의 월을 운행하면서 생왕묘절을 순환하게 되는 것이다.

양이 출생하는 곳에서 음이 사망하고 음양이 서로 교환되는 것은 자연의 이치인 것이다. 甲과 乙을 가지고 논하여 보면, 甲은 木 중의 양이므로 하늘의 生氣가 되는데 모든 나무[萬木]에 그 기가 흐르는 것이다. 그러므로 亥에서 生하고 午에서 死한다. 乙은 木 중의 음이므로 나무의 지엽(枝葉)이 되는데 하늘의 생기를 받아들인 것이다. 그러므로 午에서 生하고 亥에서 死하게 된다. 무릇 나무는 亥월이 되면 잎이 지지만 생기는 그 속에 저장되어 있다가 봄이 오면 다시 피어날 준비를 하게 된다. 그 생기는 亥에서 生하는 이치라고 하겠다.

나무는 午월이 되면 잎이 무성하게 되는데 어찌해서 甲이 죽는다고 하는가? 겉으로는 비록 잎이 무성하지만 그 속의 생기는 이미 밖으로 다 발설되어 기진맥진했기 때문이다. 그러므로 午에서 죽는 것이다. 乙木은 이와 반대로 午월이 되면 잎이 무성하니 곧 生하게 되는 것이다. 乙木은 亥월에는 잎이 지니 곧 죽는 것이다. 이것은 質과 氣의 나른 점을 논한 것이다. 甲乙을 예로 들었거니와 나머지 다른 천간도 이렇게 유추하기 바란다.[150]

육효(六爻): 水土동궁 적용, 기문둔갑(奇門遁甲): 火土동궁 적용, 육임(六壬): 구법(水土동궁)·신법(火土동궁).

150) 해는 寅시에 뜨고 酉시에 지니 태양인 丙은 寅에서 나고 酉에서 죽는다. 반대로 달은 해가 뜨면 지고 해가 지면 뜨니 丁은 酉에서 나고 寅에서 죽는다.
철광석은 불 속에서 제련되어야 쓸모 있는 기물이 되고 빗물에는 녹슬므로 庚은 巳에서 지지는 12개월인 바, 각각의 천간은 장생(長生)에서 시작하여 태(胎)와 양(養)에 이르기까지 12가지 지위를 가진다. 이는 기가 왕성해졌다가 쇠약해지고 쇠약해졌다가 다시금 왕성해지는 과정을 세분화한 것으로 12가지 과정을 거친다고 본 것이다. 장생, 목욕 등의 명칭은 단지 그 과정을 형용하려고 만든 단어에 지나지 않는 것이다.

장생(長生)이란 사람에 비유하면 처음 태어나는 것과 같다. 목욕(沐浴)이란 사람이 태어난 후에 목욕시켜 때를 벗기는 것과 같고, 씨앗에서 새싹이 돋으면서 머리에 이고 나온 씨앗의 껍질이 벗겨지는 것과 같다. 관대(冠帶)란 기와 형체가 점점 자라나는 것으로 인간에 비유하면 나이가 차서 모자를 쓰고 띠를 두르는 것과 같다. 임관(任官)이란 장성하여 건장해진 상태이니 사람에 비유하면 벼슬길에 나가는 것과 같다. 제왕(帝旺)이란 장성함이 극에 이른 상태이니 사람에 비유한다면 임금을 보좌하여 큰 뜻을 펼치는 것과 같다.

쇠(衰)는 왕성함이 극에 이르면 쇠약해지는 것으로 사물이 처음으로 변하는 것[初變]이다. 병(病)이란 쇠가 심해진 상태이며, 사(死)는 기가 다 빠져나가 남아 있지 않은 상태를 가리킨다. 묘(墓)는 조화가 거두어진 상태이니 사람에 비유하면 땅속에 매장된 것을 가리킨다. 절(絶)이란 이전의 기가 이미 완전히 끊어지고 뒤의 기가 이어지려는 상태를 가리킨다. 태(胎)는 뒤의 기가 이어지고 모아져 잉태된 상태이다. 양(養)이란 사람에 비유하면 모친의 자궁 안에서 길러지는 것과 같다. 양에서 다시 장생이 시작되니, 이런 과정을 거쳐서 무한히 순환되는 것이다.

나고 子에서 죽는다. 반대로 완성된 주옥은 물에서는 먼지가 씻겨 빛나고 불에서는 타버리므로 辛은 子에서 나고 巳에서 죽는다.

십이운성과 육신의 참고자료

※ 음간(陰干)의 생지(生支)는 식신(食神)이자 문창성(文昌星)

☞ 문창성: 일간 甲(巳), 乙(午), 丙戊(申), 丁己(酉), 庚(亥), 辛(子), 壬(寅), 癸(卯)

두뇌가 총명하고 공부를 잘하고 학문을 통해 명예를 얻는다.
연구성 · 창의성 · 표현성 · 예술성 뛰어나다.

☞ 陰干이 生支(문창성)가 있으면 감수성 예민, 창의성 · 예술성 풍부, 정신력 · 진취성 · 민첩성 탁월

<연구자료>
※ 묘지(墓支): 癸·甲→未, 乙·丙·戊→戌, 丁·己·庚→丑, 辛·壬→辰

천간	癸	甲	乙	丙	戊	丁	己	庚	辛	壬
묘지[151]	未		戌			丑			辰	

묘지(墓支)가 연지나 월지에 있는 경우 해당 부모와의 인연이 보다 약하다고 추정[152]할 수 있다.

Ex)
未: 癸(己의 편재, 甲의 정인), 甲(庚의 편재, 丁의 정인)의 묘지
⇒ 己일간의 부친, 甲일간의 모친, 庚일간의 부친, 丁일간의 모친이 보다 일찍 돌아가실 가능성이 높다.

戌: 乙(辛의 편재, 丙의 정인), 丙(壬의 편재, 己의 정인), 戊(甲의 편재, 辛의 정인)의 묘지
⇒ 乙일간의 부친, 丙일간의 모친, 壬일간의 부친, 己일간의 모친, 甲일간의 부친, 辛일간의 모친이 보다 일찍 돌아가실 가능성이 높다.

---

[151] 양간인 甲은 未, 丙·戊는 戌, 庚은 丑, 壬은 辰이 묘지인데, 바로 옆의 음간도 이들과 묘지가 같다.
[152] 일반적으로 여성이 남성보다 장수하고, 수명은 사주 외 다른 요인에 의해 좌우되므로 단지 추정자료로 연구 활용하는 것이 바람직하다.

丑: 丁(癸의 편재, 戊의 정인), 己(乙의 편재, 庚의 정인), 庚(丙의 편재, 癸의 정인)의 묘지

⇒ 癸일간의 부친, 戊일간의 모친, 乙일간의 부친, 庚일간의 모친, 丙일간의 부친, 癸일간의 모친이 보다 일찍 돌아가실 가능성이 높다.

辰: 辛(丁의 편재, 壬의 정인), 壬(戊의 편재, 乙의 정인)의 묘지

⇒ 丁일간의 부친, 壬일간의 모친, 戊일간의 부친, 乙일간의 모친이 보다 일찍 돌아가실 가능성이 높다.

2. 공망

공망(空亡)은 천중살(天中殺)이라고도 한다. 10개의 천간과 12개의 지지가 60갑자를 만들면서 천간이 한 번 순환할 때마다 끝에 남는 2개의 지지가 공망이다. 즉 2개의 지지가 천간의 짝을 배정받지 못하고 남게 되는 것이다.
예를 들어, 갑자(甲子)에서 계유(癸酉)까지 세어보면 끝에 술(戌)·해(亥)가 남는데, 이것이 갑자 순중(旬中)의 공망이다.
천간이 비어있는 두 지지는 끊임없이 그 짝을 찾으려고 노력하고 애쓴다.

甲子~癸酉: 戌亥 / 甲戌~癸未: 申酉 / 甲申~癸巳: 午未
甲午~癸卯: 辰巳 / 甲辰~癸丑: 寅卯 / 甲寅~癸亥: 子丑

(1) 공망을 빨리 파악하는 법

1) 첫째 방법

① 일간이 甲乙丙丁인 경우: 60갑자를 역행(逆行)하여 甲 다음의 壬癸 밑에 오는 지지 2개.
Ex) 일주가 丁丑인 경우, 丁丑, 丙子, 乙亥, 甲戌로 거꾸로 세어 가다가 癸酉, 壬申의 申酉가 공망.

② 일간이 庚辛壬癸인 경우: 60갑자를 순행(順行)하여 癸 다음의 甲乙 밑에 오는 지지 2개.
Ex) 일주가 庚子인 경우, 庚子, 辛丑, 壬寅, 癸卯로 바로 세어 가다가 甲辰, 乙巳의 辰巳가 공망.

③ 일간이 戊己인 경우: 戊己 일간 밑의 지지와 충(沖)이 되는 지지가 공망.
Ex) 일주가 戊午, 己未인 경우 子丑이 공망.

2) 둘째 방법

수장결(手掌訣)에서 천간을 차례대로 짚어 나가서 마지막에 갑을이 닿은 두 지지.
Ex) 丁酉일 경우 수장법의 酉자리에서 丁, 戊, 己, 庚, 辛, 壬, 癸를 차례대로 손가락으로 짚어나가다가 甲, 乙이 닿는 지지인 辰, 巳가 공망이다.
⇒ 제8장 1절 <십이운성의 수장결(手掌訣)> 참고

(2) 공망의 작용력

공망은 일주(日柱)를 기준[153]으로 산출한다.
공망은 전생부터 인연이 없는 것이다.
공망이 되는 두 지지는 공허(空虛)하고 무력(無力)하다는 뜻을 갖는다.
사주 원국에 없으면 공망은 작용하지 않는다.
원국에 없다가도 운에서 공망자가 들어오면 공망이 작용한다.
대운은 계절의 흐름이므로 공망을 논하지 않는다.
세운과 월건·일진 등의 공망은 고려한다.

<원국에 공망이 있는 경우>
오행은 있지만 해당 육신은 본래 인연이 없다.
공망에 해당하는 육친(부모·형제·배우자·자식)이나 신살의 작용력이 없어진다.
길신이 공망되면 길하지 않고, 흉살이 공망되면 흉하지 않다.
길신이 공망되면 길조가 사라지나 공망이 해소될 때 길경사가 생기고,
흉살이 공망되면 흉조가 사라지나 공망이 해소될 때 재액이 발생한다.

공망된 방위도 무력하고 인연이 없으므로 이사·사업장소·거래관계·약속·

---

[153] 일지 공망을 볼 때는 연주를 기준으로 한다.

진학·취직·출행·구의약(救醫藥) 등에 참고한다.
Ex) 申酉가 공망이라면 申酉의 육신과 일·방위 등에 인연이 약하고, 노력에 비해 성과가 적다.

지지가 공망이면 이에 뿌리(건록)를 두는 천간도 역시 공망으로 무력해진다.
Ex) 寅이 공망이면 사주원국의 甲도 무력해진다. 午가 공망이면 사주원국의 丁己도 무력해진다. 나머지 간지의 경우도 마찬가지이다.
사주 원국에 같은 오행이 많거나 육신의 정편(正偏)이 혼잡되어 있을 경우 한쪽이 공망되면 오행의 편중과 육신의 혼잡이 해소되므로 오히려 좋다.

지지가 전부 공망이거나 월일시지 3개가 공망이면 오히려 귀한 사주가 된다고 한다. 이 경우에도 사주와 공망이 생왕(生旺)해야 한다. 그러면 허(虛)한 중에 유성(有聲)으로 세상에 널리 이름을 크게 떨치게 된다고 한다.

◉ 오행 공망
木이 공망이면 잘 부러진다. 꺾인다(木空卽折): 교육·건축·의류·출판·문구·목재업
火가 공망이면 잘 탄다. 빛난다(火空卽燒): 종교·예술·교육·상담·방송·화학·전자업
土가 공망이면 무너진다. 구멍 난다(土空卽崩): 중개·종교·교육·저장·농산·토건업
金이 공망이면 소리가 난다. 울린다(金空卽聲): 음악[154]·군경·법률·금융·의학·기계·철강업
水가 공망이면 잘 흐른다. 맑아진다(水空卽流): 식품·유통·숙박·무역·유흥·생명업

공망이란 허무한 것이기 때문에 그 반작용으로 우선적으로 채우거나 갖고자 하는 욕구가 강하게 생긴다.
따라서 오히려 공망자(空亡字)의 육신과 작용에 대한 강한 집착이 생긴다.

---
[154] 금관(金管)악기·쇠파이프·노래에 인연이 많다.

Ex) 식상(食傷)이 공망이면 남달리 창의에 몰두하여 뜻밖의 큰 성과를 달성할 수 있다(연구가·예술가).

재성(財星)이 공망이면 오히려 재물에 대한 집착이 더욱 강해져 재물에 인색하고 욕심이 많아진다(수전노).

관성(官星)이 공망이면 오히려 명예와 관록에 대한 집착이 강해져 실속 없는 감투를 쓰는 경우가 많다(무보수 명예직·봉사직).

인성(印星)이 공망이면 학창시절에는 공부와 별인연이 없으나 나이가 들면서 공부를 하거나 자격증 취득에 집중하는 경우가 많다(만학도).

* 인성 공망이면 무당[師巫]이 되고, 충(衝)하면 승려나 도사가 된다.155)

궁(宮)과 육신(六神) 공망을 설명하면,
연지(年支)와 월지(月支) 공망156)이면 부모와 주변의 도움이 적고, 일지(日支) 공망157)이면 배우자 덕이 적고, 시지(時支) 공망158)이면 자식 복이 적다. 자식이 있어도 없는 것과 같다.

비겁(比劫) 공망이면 형제·동료 인연이 약하고, 식상(食傷) 공망이면 자식(곤명의 경우)·의식주 인연이 약하며, 재성(財星) 공망이면 처·재물 인연이 약하고, 관성(官星) 공망이면 남편·자식(건명의 경우)·관록 인연이 약하고, 인성(印星) 공망이면 부모·윗사람·공부 인연이 약하다.

<공망의 해소159)>

원국에 공망자가 이미 있는데 운(運)에서 같은 공망자가 또 들어오면 1+1의 전실(塡實)로써 공망이 채워지므로 공망이 해소된다.
- 공망이 해소되면 평소 쉽게 해결되지 않던 골칫거리가 의외로 쉽게 해결되는 경우가 생긴다. Ex) 팔리지 않던 물건이 쉽게 매매 성사. 빚 청산

---

155) 『袁天綱五星三命指南』, <印類>, "空則爲師巫, 冲則爲僧道."
156) 월지 공망이면 격국(格局)이 공망된 것이므로 진로·진공 변경과 직장 변동이 잦으며, 그렇지 않다면 전공과 직장 내에서 노력에 비해 성과가 적다. 청년기에 애로가 많고 진로가 순탄하지 않다.
157) 마음은 깨끗하나 세속에 인연이 적다, 종교·수행에 인연 많다.
158) 삶의 목표, 미래의 진로가 자꾸 바뀐다. 노년이 고독하다.
159) 탈공(脫空)이라고 한다.

합이나 충으로도 공망이 해소된다고 말하는데 꼭 그런 것 같지는 않다.

공망자가 원국에 있는 경우: 운에서 같은 공망자가 들어오면 공망이 해소된다.

공망자가 원국에 없는 경우: 운에서 같은 공망자가 들어오면 오히려 공망이 작용한다.

<원국에 공망이 없는 경우>

공망은 원국·세운·월건·일진 등에서 단지 1글자만 나타날 경우에 작용하므로 원국에 공망이 없는데,
- 시험일이 공망이면 준비물을 빠트리거나 답안지 작성 등에 실수하지 않도록 특히 조심해야 한다.
- 계약일이 공망이면 문서 작성이나 계약사항 검토 등에 착오나 실수를 하지 않도록 특히 유의해야 한다.
- 공망이 들어오는 해에는 장사를 시작한다든지, 집을 이사한다든지 등 새로운 일을 벌이는 것은 좋지 않다. 이 경우 공망된 방위도 무력하고 인연이 약하여 헛수고할 가능성이 높다.
- 공망이 드는 날(연월일)에는 경쟁·시험·선거·소송·계약 등에서 불리하다.
- 공망이 드는 운에는 물질적·경제적으로는 불리하지만 정신 수양과 인생 공부에는 좋다.

Ex) 辰이 공망인데,
- 원국에 이미 辰자가 있다면 辰운(세운·월건·일진)에 공망이 해소된다 (1+1+⋯). → 辰의 작용이 약화되어 있다가 공망이 채워지는 辰운에 제대로 발휘된다.

Ex) 원국에 辰자가 없다면 운(세운·월건·일진)에서 辰자가 1개만 되는 운에서 공망이 본격 작용한다 → 辰운이 오면서 오히려 辰의 활동력 약화가 현실화된다.

원국과 운에서 공망자가 전혀 나타나지 않은 경우에는 공망이 잠재만하고 있을 뿐 작용하지 않는다. 별다른 영향이 없다.

공망은 원국을 비롯해 세운·월건·일진 등에서 단지 1글자만 나타날 경우에 작용한다.

원국과 운에서 공망자가 2개 이상 나타날 경우(1+1+…)에는 공망이 해소되어 공망이 작용하지 않는다.

⇒ 원국·세운·월건·일진 중에서 오직 1군데서만 공망자가 출현할 경우 공망자의 작용이 현실화된다.

<위치[宮] 공망>

공망 간지[160]	내 용
연간[161]	부친 덕이 없다. 윗사람의 혜택을 받기 어렵다.
연지	모친 덕이 없다. 부모·고향과 인연이 멀어 타향살이를 한다. 부모가 있어도 큰 힘이 안 된다. 조상이 물려준 터전을 지키기 어렵다.
월간	형제가 부실하다, 형제·동료 간의 일로 근심이 많다.
월지[162]	부모형제·친구·동료의 도움을 받기 어렵다. 부모·고향과 인연이 약해 타향살이를 한다. 진로나 직업이 순탄하지 않다. 학창시절에 방황을 하고 전공을 바꾼다.
일간[163]	뜻은 높으나 세속에 인연이 적어 뜻한 바를 이루기 어렵다. 종교·철학·정신수양 분야 종사. **십악대패일(甲辰 乙巳 丙申 丁亥 戊戌 己丑 庚辰 辛巳 壬申 癸亥)**
일지[164]	늦게 혼인하기 쉽다. 배우자 문제로 근심이 많다. 흠이 있는 배우자를 만나거나 배우자의 심신이 허약하기 쉽다.
시간	희망은 크나 달성하기 어렵다. 진로에 장애가 많다. 자녀가 부실하고 자녀 문제로 근심이 있다.
시지	자식과의 인연이 약하다. 자식이 있어도 무덕하다. 노년에 자식과 별거하고 고독하며 의지할 곳이 없다.

<육신[星] 공망>

공망 육신	내 용
비겁165)	형제·동료 간에 무덕, 고독·고립, 협조 정신이 부족(특히 일간이 약하여 비겁이 뿌리가 되는 경우), 고향보다는 객지나 외국에서 성공할 확률이 높다
식신	무사안일주의, 소극적 성격, 개척·분발·발전에 큰 뜻이 없다, 용두사미, 기예·가무·말솜씨가 뛰어나다, 구류술업166) 종사, 여성은 유산하거나 딸을 낳기 쉽다
상관	탐구심이 강하다, 학문과 연구에 종사, 정신 집중, 깊이 파고든다, 정신적 차원이 높다, 구류술업 인연, 여성은 딸을 낳기 쉽다
편재	재물에 대한 욕심이 많다, 큰일(한탕)을 계획하나 이루기 어렵다, 허영심과 사기성을 크게 내재한다. (남자) 어떤 여자를 만나도 만족하기 어렵다
정재	재물에 대한 욕심이 많다, 재물에 인색, 돈의 노예(수전노), 남자는 처와 인연이 약하다(어떤 여자를 만나도 만족하기 어렵다)
편관	영웅적 기질, 정치적 성향, 외교력·보스기질·카리스마, 혁신적·반체제 성향, 남자는 자식과 인연이 약하다. (여자) 어떤 남자를 만나도 만족하기 어렵다
정관	직업이 자주 바뀐다, 자식(남자의 경우)·관록·직장과 인연이 약하다, 명예욕이 강하다, 허관(虛官)을 추구한다, 여자는 부부 인연이 약하다(어떤 남자를 만나도 만족하기 어렵다)
인성167)	재야선비, 인덕·부모덕이 적다, 예의범절 없다, 학업을 끝마치기 어렵다(중퇴), 만학도, 주거가 불안정(이사를 자주 한다), 문서로 인한 실수가 잦다

---

160) 일주 기준의 연지·월지·시지 공망만 나름대로 신빙성이 있을 뿐 그 외의 간지 공망은 신뢰성이 낮다.
161) 연간·월간·시간 공망은 일주를 기준으로 연간·월간·시간의 건록이 공망이다.
   Ex)
   • 일주 甲申-午공망: 연간 丁(연간 공망), 월간 丁(월간 공망), 시간 丁(시간 공망)
   • 일주 己卯-酉공망: 연간 辛(연간 공망), 월간 辛(월간 공망), 시간 辛(시간 공망)
162) 격국 공망이라 청년기에 진로와 전공 변경이 잦다. 직업도 자주 바뀐다.
163) 일간의 건록이 공망이다. 택일에서도 활용한다.   (甲-寅, 乙-卯, 丙-巳, 丁-午, 戊-巳, 己-午, 庚-申, 辛-酉, 壬-亥, 癸-子)

◉ 진(眞)공망・가(假)공망

진공망: 공망자가 월령을 잃어 월령에서 생조(生助)를 받지 못하여 사절(死絶)・휴수(休囚)된 경우이다 — 사절(死絶)・실령(失令)공망

가공망: 공망자가 월령을 얻어 월령에서 생조를 받아서 왕상(旺相)한 경우이다 — 생왕(生旺)・득령(得令)공망

진공망이 되면 공망 작용이 더욱 크다

Ex)　　　시 일 월 연　　　　시 일 월 연
　　　　戊 庚 戊 丁　　　　戊 庚 癸 丁
　　　　寅 戌 申 酉　　　　寅 戌 卯 亥
　　　　　진공망　　　　　　　가공망

◉ 절로(截路)공망

시간(時干)이 壬癸인 경우

甲己일 申酉시 / 乙庚일 午未시 / 丙辛일 辰巳시 / 丁壬일 寅卯시
/ 戊癸일 子丑戌亥시

시주(時柱)는 인생항로에서 미래의 진로이며 앞으로 나아가는 곳을 상징한다. 앞으로 가고자하는 길에 큰 강이 가로막혀 있거나 물이 범람하여 나아가기 힘들거나 건널 수 없는 상황이다(前途有江).

앞에 큰 강이 가로막고 있어 쉽게 건너지 못하므로 노력에 비해 남보다 늦게 가는 경우가 많다.

자식 인연이 약하거나 자식으로 인해 우환이 자주 생긴다. 말년에 고독하거

Ex) 일주 甲辰-寅공망, 乙巳-卯공망, 丙申-巳공망, 丁亥-午공망, 戊戌-巳공망, 己丑-午공망 등

164) 연주를 기준으로 산출한다.
165) 비겁이 태왕할 때 비겁이 공망되면 오히려 재물의 분탈 문제가 정리된다.
166) 구류(九流)는 본래 선진(先秦) 시대의 9개 학술의 유파로, 유가(儒家), 도가(道家), 음양가(陰陽家), 법가(法家), 명가(名家), 묵가(墨家), 종횡가(縱橫家), 잡가(雜家), 농가(農家)의 학파를 말한다. 그러나 현재는 주로 음양가를 지칭하는 용어로 사용된다. 구류술업(九流術業): 재야선비・의술・풍수・점술・화가・음악가・종교인・도인・무속인 등을 말한다.
167) 특히 연월지의 인성이 공망인 경우

나 근심이 많다.

절로공망이 있다고 무조건 흉한 것은 아니며, 사주원국에 수기(水氣)가 태왕하거나 한랭(寒冷)한데 절로공망이 있으면 흉한 작용이 나타난다.
- 시간(時干)이 壬癸水 + 수왕(水旺) 또는 亥子丑월에 火가 없어 한랭
- 미래 진로에 물이 범람하거나 얼음이 꽁꽁 얼어 전진하지 못하는 형국

癸 辛 戊 癸   <건명> 1943년생
巳 丑 午 未   노숙자

72 62 52 42 32 22 12 2
庚 辛 壬 癸 甲 乙 丙 丁
戌 亥 子 丑 寅 卯 辰 巳

1999년(己卯) SBS 그것이 알고 싶다, 당시 57세, 10년 이상 거지 노숙생활

◉ 호환(互換)공망
남자 공망의 한 글자가 여자의 일지(日支)에 있고, 여자 공망의 한 글자가 남자의 일지에 있으면 부부 인연이 약하여 이별하기 쉽다.

Ex)

◉ 동일(同一)공망
같은 순(旬) 중의 일주끼리가 이에 해당한다.
서로의 일주가 같은 순 중에 있어 공망이 같으면 한 뿌리, 한 핏줄로 해석한다. 공망이 같은 남녀는 영속성이 있다. 이별하지 않는다. 전생부터 인연이다. 끊으려야 끊을 수 없는 인연이다.

공망이 같은 부부는 전생의 인연으로 형제간이나 친구처럼 다정하고 화목하게 일생 해로하고 사후동혈(死後同穴)할 수 있다.

동일공망은 부부뿐 아니라 부모자식·형제간이나 직장동료·상하 등 사회적 관계에서도 활용할 수 있다.

고부·동료·상하 간 등 다른 대인관계에서도 공망이 같으면 보다 쉽게 통할 수 있고, 성격과 기질이 비슷하여 의견 일치가 쉽게 되며 관계가 오랫동안 유지될 수 있다.

그러나 동일공망이 같다고 무조건 좋은 사이는 아니고 남보다 인연이 그만큼 쉽게 이뤄지고 끈끈해진다는 뜻이다.

☞ 원국 또는 운에서 같은 공망자를 1+1 등으로 2개 이상 만나면(전실) 공망이 해소되는데, 동일공망이면 이런 전실 작용 때문에 서로의 공망이 채워지는 효과가 있다. 그러므로 공망이 같은 사람끼리는 전생부터 서로를 갈구하는 끈끈한 인연을 갖고 태어났다고 추정한다.

3. 신살

옛날부터 사주명리학에서 사용해온 신살(神殺)은 현재 180여 가지가 있다. 그러나 어느 신살을 중요시하고 어떤 신살을 경시해도 좋은가에 대해서는 아직 정설이 없다. 신살은 그 수가 많기 때문에 빠짐없이 매긴다면 어느 명조에나 10개 정도는 있게 마련이다. 그래서 신살을 위주로 간명하게 되면 그 사람 고유의 특징이 없고 간명이 번잡해질 뿐 아니라 그 인물상까지도 파악할 수 없는 우를 범하게 된다. 현대 명리학의 전기를 마련한 서자평은 납음과 신살에 의한 고법명리의 간법을 버리고 오행의 생극제화(生剋制化), 통변성(通變星)의 희기(喜忌), 지지 충회합(沖會合)의 세 원리에 철저하게 중점을 두고서 간명하는 체계를 세워 지금에 이르고 있다.168)

필자의 경험에 비춰볼 때도 잡다한 신살론에 전혀 의거하지 않고 이 세 원리를 중심으로 간명해도 명의 길흉성패를 판단하는데 아무런 지장이 없다. 그러나 비록 정도의 차이는 있으나 지금도 간명자의 관점에 따라 신살을 취용하는 경우가 많다. 왜냐하면 지금까지 신살에 대해 체계적인 논의와 연구가 없었기 때문이다. 향후 신살론에 대한 체계적이며 학술적인 연구가 필요하다는 점을 피력하면서 현재 빈번하게 사용되고 있는 신살들을 열거해본다.

신살이란 음양의 소식(消息)과 오행간지의 생극제화(生剋制化)와 합충(合沖)을 제외한 모든 사주 간명 요소들이다. 따라서 형파해(刑破害), 원진, 12운성, 공망, 삼재 등도 모두 신살이다. 그중에서도 '신(神)은 길한 작용'을 하며, '살(殺)은 흉한 작용'하는 것을 일컫는다. 신살을 적용하기 전에 무엇보다 중요한 점은 가장 먼저 사주와 오행의 짜임새를 파악해야 된다는 것이다. 사주 전반의 기세와 짜임새를 무시한 채 신살의 글자 하나하나만을 갖고서 간명하는 각주구검(刻舟求劍)의 우매함을 경계해야 한다. 즉 사주의 짜임새가 좋지 않은데도 길신이 있으니 무조건 길하다거나, 사주의 짜임새가 좋은데도 흉살이 있으니 그 글자만을 고집하여 흉하다고 단언해서는 안 된다.

---

168) 신육천, 『사주감정법비결집』(갑을당, 2002), 999~1000쪽 참고.

(1) 흉살이 작용하기 쉬운 여건

① 오행이 편중·태과한 때
② 조후(한난조습)가 안 되었을 때
③ 金木이나 水火가 상쟁하는데 통관(通關)해주는 것이 없을 때
④ 육신(六神)과 궁위(宮位)에 문제가 있을 때

Ex) 여자 사주에서 고관무보(孤官無輔)169)인데 일지(日支)마저 공망이나 백호살, 양인살, 형살이면 남편과 인연이 없거나 남편에게 살기가 뻗치기 쉽다.

(2) 신살의 종류

1) 연지·일지 기준 신살
연지를 우선 기준으로 한다. 왜냐하면 신살은 연주를 중심으로 간명하던 고법명리 시대의 산물이기 때문이다. 따라서 신살은 일지가 아니라 연지를 기준으로 뽑는 것이 원칙이다. 당사주에서 띠를 위주로 보는 것이 그 예이다. 근래에 일지를 기준으로 신살을 보는 것은 일간 중심의 자평명리와의 교섭 때문이다.

① 12신살
십이신살은 사람이 태어난 해의 지지인 연지(年支, 띠)의 삼합 오행이 십이운성에 맞춰 12개의 길신과 흉살에 차례대로 배치된 것이다. 연지(띠)나 일지의 삼합 끝 자의 다음부터 '겁재천지 연월망장 반역육화' 이렇게 외어 나간다. 장성(將星)과 반안(攀鞍)·화개(華蓋)는 기본적으로 흉살이 아니라 길신에 속한다.

---

169) 여자 사주에서 남편은 관성인데 생해주는 재성이 없어서 외로운 관성이 더욱 무력해지는 현상이다.
  戊 壬 辛 辛 〈곤명〉
  申 子 卯 丑
  戊土 관성이 金 인성으로부터 설기를 많이 당하여 무력한데 火 재성마저 없고 水氣가 왕하여 관성이 고립무원 되었다. 게다가 壬子일주는 일지 子水가 양인살이다. 따라서 申金대운에 亥水세운이 오면서 남편에게 치명상을 입혔다.

<십이신살(十二神殺)>

劫災天(絶胎養) / 地年月(生浴帶) / 亡將攀(祿旺衰) / 驛六華(病死墓)

연지(띠)		寅午戌	亥卯未	申子辰	巳酉丑	작 용
겁(劫)살	絶	亥	申	巳	寅	官災, 拘束, 겁탈, 압수, 협박, 횡액, 뒤통수
						새로운 일(新作), 민첩, 활발
재(災)살	胎	子	酉	午	卯	야심, 야망, 官災, 訟事, 질병, 피곤한 상대
						출입문, 개방, 색상(의복 등)
천(天)살	養	丑	戌	未	辰	哭事, 초상, 감당하기 어려운 일, 천재지변
						祖上·師父방향, 先山, 제사, 공부책상, 종교물×
지(地)살	生	寅	亥	申	巳	역마, 이동, 이사, 객지, 여행, 새로운 일(新作)
						출입문, 문패·간판, 차고(車庫)
연(年)살	浴	卯	子	酉	午	도화, 주색, 유흥, 연애, 사교, 애정사, 이성문제
						유능, 인기, 시선집중
월(月)살	帶	辰	丑	戌	未	주변의 혜택, 뜻밖의 부가이익, 상속·증여
						고갈(枯渴), 위축, 고독(孤獨)
망신(亡身)	祿	巳	寅	亥	申	체면손상, 망신, 구설, 애정사, 건강손상, 병원출입
						경거망동, 위엄, 인기
장성(將星)	旺	午	卯	子	酉	권위 생김, 중심 역할, 주도권, 승진, 합격, 이사
						주관·개성 뚜렷, 출입문×, 개방×, 색상×
반안(攀鞍)	衰	未	辰	丑	戌	학위, 자격증, 라이선스, 신분보장, 보좌관
						비밀통로, 금고, 카운터, 금전유통, 두침(頭寢)
역마(驛馬)	病	申	巳	寅	亥	이동, 이사, 활동성, 분주, 외국, 영업, 여행
						방송·통신·교통
육해(六害)	死	酉	午	卯	子	정리, 위축, 가족불화, 상해, 병고(病苦), 장애
						외부 도움, 영전, **육체활동凶, 정신활동吉**
화개(華蓋)	墓	戌	未	辰	丑	재정비, 정리정돈, 보관(保管), 종교·예술

② 고과살

고과살(孤寡殺)도 연지(띠)를 위주로 보나 일지를 기준으로 보기도 한다. 연지(띠)나 일지의 방합 바로 앞 자가 과수살, 바로 뒤 자가 고신살이다. 과수살(寡宿殺)은 과부살, 고신살(孤辰殺)은 홀아비살을 말한다.

과수살이 곤명에 있으면 남편을 극하여, 고신살이 건명에 있으면 처를 극하여 자신이 외로워진다.

배우자성(건명-재성, 곤명-관성)과 궁(일지)이 안 좋으면 흉한 작용이 더 심해진다. 경제적으로 고생하고 살면 배우자 인연에 별 문제가 없다.

<고과살>

과수살	연지·일지	고신살
丑	寅卯辰	巳
辰	巳午未	申
未	申酉戌	亥
戌	亥子丑	寅

③ 조객살·상문살

조객살(弔客殺)·상문살(喪門殺)도 연지(띠)를 위주로 보나 일지를 기준으로 보기도 한다.

연지나 일지에서 역행으로 2칸 가면 조객살, 순행으로 2칸 가면 상문살이다. 즉 뒤에서 살펴볼 격각(隔角)이 된다.

세운(歲運)을 가지고 조객살과 상문살을 보는 경우가 많다. 예를 들어 연지나 일지가 子이면 戌년에 조객살이 들고, 寅년에 상문살이 든다. 운에서 상문살이나 조객살을 만나면 상복을 입거나 상가에 조문하는 일이 생긴다.

<조객살·상문살>

조객살	戌	亥	子	丑	寅	卯	辰	巳	午	未	申	酉
연지·일지	子	丑	寅	卯	辰	巳	午	未	申	酉	戌	亥
상문살	寅	卯	辰	巳	午	未	申	酉	戌	亥	子	丑

④ 원진살

원진은 일지와 충이 되는 지지와 삼합이 되는 지지의 사이에 위치한다. 따라서 원진살은 애증(愛憎)의 교차(交叉)로 나타난다. 육친 간에 불화·반목·갈등한다. ☞ 제7장 2절 <원진> 참고

⑤ 귀문관살

귀문관살(鬼門關殺)은 신경쇠약, 정신이상, 접신(接神), 의처증, 의부증 등 정신적인 면과 관련이 있다. 천재성이 있어 대사상가, 대학자, 예술가에서 많이 나타난다.

<원진살·귀문관살>

연지·일지	子	丑	寅	卯	辰	巳
원진살	未	午	酉	申	亥	戌
귀문관살	酉	午	未	申	亥	戌

2) 일간 기준 길신

① 천을귀인(天乙貴人): 지혜 총명, 세인의 존경, 관록, 의식 풍부

<곤명> 1963년생 丁 丁 壬 癸 未 亥 戌 卯 59 49 39 29 19 9 戊 丁 丙 乙 甲 癸 辰 卯 寅 丑 子 亥	丁亥일주라 일지 亥정관이 천을귀인이다. 정관과 丁壬 명합(明合)도 하고 丁亥 암합(暗合)도 한다 - 명암부집(明暗夫集) 연간에 癸도 투출하여 관살혼잡이 되었다. 미용실 운영, 이혼녀, 딸 하나 있다, 자궁질환이 있어 유산이 잦았다, 항상 유부남과 교제하며 남자관계가 복잡하다. ⇒ 배우자 궁[일지]과 성[정관]이 천을귀인이지만 오히려 배우자 관계가 좋지 않다. 신살 하나만 가지고 단언해서는 결코 안 되며, 사주의 전반적 상태를 보고 판단해야 한다.

② 일귀(日貴): 일지에 천을귀인이 있는 것, 丁酉·丁亥·癸巳·癸卯일주, 성격이 순수하고 표리가 같으며 좋은 배우자를 만나고 위험에서 구제를 받는다.

③ 천록(天祿): 일간의 건록, 관록·식록·의록이 풍부, 복록, 크게 출세, 그러나 흉성과 동주(同柱)하면 오히려 흉하다.

④ 암록(暗祿): 숨어 있는 길성, 어려울 때 남의 보이지 않는 도움으로 위기를 타개한다.

⑤ 금여록(金輿祿): 황금 수레, 배우자 덕, 주위의 신망, 음덕, 세인의 도움, 좋은 인연 있다.

⑥ 문창성(文昌星): 식신(食神)의 특성, 지혜 총명, 문장·예술·학문으로 명성, 공부 잘한다. 창의성 뛰어나다.

* 건록과 지지 육합이 암록, 건록에서 2번째가 금여록, 3번째가 문창성(식신)170)이다.

일간	천을귀인
甲戊庚	丑未
乙己	子申
丙丁	亥酉
辛	午寅
壬癸	巳卯

일간	천록(건록)	암록	금여록	문창성
甲	寅	亥	辰	巳
乙	卯	戌	巳	午
丙戊	巳	申	未	申
丁己	午	未	申	酉
庚	申	巳	戌	亥
辛	酉	辰	亥	子
壬	亥	寅	丑	寅
癸	子	丑	寅	卯

⑦ 재관쌍미(財官雙美)

壬午·癸巳일주, 녹마동향(祿馬同鄉)이라고도 말한다, 정재(正財)와 정관(正官)이 둘 다 한곳에 임하여 아름답다는 뜻이다. 일생 동안 부귀가 모두 온전하며 복록이 풍부하다고 한다. 壬午일주에서 午의 지장간(支藏干) 丙己丁 중 己土는 壬水의 정관이고 丁火는 임수의 정재가 된다. 癸巳일주에서 巳의 지장간 戊庚丙 중 戊土는 癸水의 정관이고 丙火는 정재가 된다.

⑧ 삼기성(三奇星)

일간을 중심으로 월간, 년간에 차례대로 있는 것을 최고 귀격으로 본다.
남다른 수기(秀氣)를 발휘, 정신세계가 기이, 총명, 학문과 재능이 탁월, 대범,

---

170) 음간은 십이운성에서 생지(生支)이다. 丁酉·癸卯는 문창성, 생지, 천을귀인이 함께한다.

비상한 재능, 기인적 행동, 의외로 발전하여 성공한다. 己土만 삼귀성에서 빠진다.

天上三奇	甲戊庚
人中三奇	辛壬癸
地下三奇	乙丙丁

<삼기성>

3) 일간 기준 흉살
① 양인

12운성에서 양간은 왕지, 음간은 관대지가 양인(羊刃)이다. 양인은 칼로써 양의 목을 벤다, 흉폭·성급·강성하다는 뜻이다. 음간은 양인의 성질이 약하며 양간의 양인(陽刃)만 인정하는 경우가 많다. 굳이 음간의 경우도 양인을 인정하고자 한다면 12운성에서 음간의 왕지를 음인(陰刃)으로 보는 것이 옳다.

<양인>

일간	甲	乙	丙	丁	戊	己	庚	辛	壬	癸
양인	卯	辰	午	未	午	未	酉	戌	子	丑
		寅		巳		巳		申		亥

② 십악대패

십악대패(十惡大敗)는 일간 공망이다. 일간의 건록이 공망이 되는 10가지 날의 간지를 말한다(甲辰·乙巳·丙申·丁亥·戊戌·己丑·庚辰·辛巳·壬申·癸亥일). 가령 甲辰·乙巳일의 경우 일간 甲은 寅, 乙은 卯가 건록인데, 갑진·을사는 寅卯가 각각 공망이므로 갑진·을사가 십악대패일이 된다. 나머지도 이와 같다. 십악은 매우 흉한 것이고 대패는 성취하지 못한다는 뜻이다. 십악대패는 사주명리뿐 아니라 택일에서도 사용되는 신살이다. 십악대패 일주는 일찍 결혼하면 부부 이별하므로 늦게 결혼하는 것이 좋고, 생명을 죽이고 살리는 험한 일에 종사하면 흉함을 피할 수 있다. 십악대패일에 초상을 치르거나 묘를 개장하거나 이장하는 일은 괜찮지만 출산·이사·개업·혼인 등은 피해야 한다.

③ 고란살: 甲寅·丁巳·戊申·辛亥일

고란살(孤鸞殺)은 곤명에만 적용한다. 일지가 일간 관성의 절지(絶支)·절처(絶處)이다.

甲일-(庚관성)-寅, 丁일-(壬관성)-巳, 戊일-(甲관성)-申, 辛일-(丙관성)-亥.
남편 인연이 박하다, 고독, 이별, 남편이 무능하거나 불구이다.
일지가 정관(正官)을 파극하는 상관(傷官)이거나 관성의 묘지(墓支)인 甲午·乙巳·庚子·己未일도 포함할 수 있다.
일지가 비겁인 간여지동(干與支同)의 乙卯·辛酉·壬子·己未일주의 경우는 남녀 모두 자신의 완강한 고집과 독선으로 인해 배우자 인연이 약해질 수 있다.

| <곤명> 1968년생
乙 戊 甲 戊
卯 申 寅 申

51 41 31 21 11 1
戊 己 庚 辛 壬 癸
申 酉 戌 亥 子 丑 | 庚戌대운 35세 壬午년에 남편이 교통사고로 머리를 다쳐서 지능이 저하되었다.
戊申일주는 일지가 木관성의 절지로서 고란살이다.
월지 寅관성이 양쪽의 申으로부터 충을 당해 깨진 데다가 庚戌대운에 甲庚충까지 되었다.
그나마 壬午세운이라 남편이 죽지 않고 구제될 수 있었다.
- 壬水는 甲庚충을 완화하고, 지지는 寅午戌삼합이 되어 寅申충도 일부 완화할 수 있었다. |

<배우자 인연이 미약할 가능성 있는 일주>

사주 원국과 행운의 전반적인 상황을 종합적으로 판단해야 하며
일주는 단지 주요 참고사항이다.

<남녀 공통> 간여지동(干與支同)
甲寅(봄, 곤명은 +여름)　乙卯　丙午　丁巳　戊戌　己未　庚申　辛酉　壬子　癸亥

<건명> 일지가 인성(印星)
甲子　乙亥　丙寅(봄여름)　丁卯　戊午　己巳　庚戌　辛丑　壬申　癸酉

<곤명> 일지가 식상(食傷)
甲午　乙巳(여름)　丙戌　丁未　戊申　己酉　庚子　辛亥　壬寅(봄)　癸卯

배우자가 무력한 일주: 일지가 배우자星의 묘지(墓支)
<건명> 丁丑　戊辰　辛未　壬戌　　　　<곤명> 乙丑　丙辰　己未　庚戌

<사별부부>

1960년생 (남편)	庚 癸 癸 庚 申 卯 未 子	8대운 丁 丙 乙 甲 亥 戌 酉 申	1989년(己巳) 결혼 1998년(戊寅) 사별 (남편 익사)
1966년생 (아내)	丁 甲 庚 丙 卯 子 寅 午	10대운 甲 乙 丙 丁 戊 己 申 酉 戌 亥 子 丑	

　　남편은 丙戌대운 30세(己巳), 아내는 戊子대운 24세(己巳)에 결혼 / 남편이 丁亥대운 39세(戊寅)에 여름휴가 중 물에 빠져 익사(아내도 丁亥대운)

　　남편은 일간(癸)의 통근처(通根處)가 申子, 일지의 식신 卯는 반합(卯未)을 이루고 문창성·천을귀인, 재성은 未월 중의 丁火, 子未가 원진·육해, 인성 金이 편중, 卯申이 암합, 癸庚이 각 2개씩 투간, 대운마저 金水로 향하므로 木(식상)·火(재성)가 더욱 약해진다.

☞ 자기사업·영리활동하지 않고 직장생활만 하면 살아가는 데 큰 문제가 없다.

　　아내는 일간(甲)의 통근처가 寅卯, 월지 건록 寅은 반합(寅午)으로 식상국(食傷局), 寅午 중의 丙丁火마저 투간하여 식상이 매우 왕하다, 재성(土)이 약하고(木이 왕성한 입춘일이라 土가 더욱 약하다), 관성(庚)은 절지 寅에 자리하여 전형적인 고관무보(孤官無輔), 세 번째 대운까지 인성 水와 식상 火로 흐르므로 관성(庚)이 설기(泄氣)되고, 극을 당하여 더욱 약해진다, 일지가 子卯형(卯 도화·연살)

☞ 남편 본인보다는 아내 사주의 영향으로 남편과 사별하였다.

<해로 부부>

1956년생 (남편)	丙 癸 庚 丙 辰 酉 子 申	1대운 戊 丁 丙 乙 甲 癸 壬 辛 申 未 午 巳 辰 卯 寅 丑	1977년(丁巳)결혼 남편: 자영업 부인: 전업주부 자녀: 1남 1녀
1959년생 (아내)	庚 庚 丙 己 辰 午 子 亥	8대운 癸 壬 辛 庚 己 戊 丁 未 午 巳 辰 卯 寅 丑	

남편은 癸卯대운 22세(丁巳), 아내는 戊寅대운 19세(丁巳)에 결혼

남편은 일간(癸)의 통근처(通根處)가 申子辰으로 신왕(身旺), 인성 金이 편중하여 신강(身强), 식상이 辰 중 乙木뿐으로 매우 미약, 정재 두 丙火는 뿌리가 없어 매우 허약, 土 관성이 없으므로 직장 인연 약하다. 지지 대운과 천간 대운 모두 木(식상)과 火(재성)로 흘러서 원국의 부족한 점을 넉넉하게 보완한다. ☞ 戊申대운 76-7세(辛亥-壬子)에는 본인 이별수가 있다.

아내는 일간(庚)의 통근처가 전혀 없다, 식상 水는 亥子 방국, 월일지 子午 충으로 월간 관성 丙火의 자리가 불안정, 관성을 생하는 재성 木이 辰 중 乙木뿐으로 매우 미약, 정인 己土는 亥子가 절태지(絶胎支)로 무력하나 丙午가 생조, 원국에서는 관성이 매우 무력하다, 그러나 대운이 木(재성)·火(관성)로 흐른다. ☞ 癸未대운 73-4세(辛亥-壬子)에는 남편 이별수가 있다.

4) 월지 기준 길신

① 천덕귀인·월덕귀인

사맹월(四孟月-寅申巳亥), 사중월(四仲月-子午卯酉), 사계월(四季月-辰戌丑未)을 구분하여 月支의 三合을 기준으로 천덕귀인(天德貴人)과 월덕귀인(月德貴人)이 성립한다. 사맹월은 삼합의 合化오행의 陰干, 사중월은 삼합의 합화오행의 絶支 또는 삼합 끝 자의 다음 지지, 사계월은 삼합의 합화오행의 陽干이 천덕귀인이 된다.

月支의 三合이 합화하는 오행이 천간에 투출하면 월덕귀인이 된다. 사람의 명 중에 흉살이 먼저 침범했으나 천월덕 두 귀인을 만나 구제가 되면 흉이라도 흉이 되지 않으며, 거듭해서 귀인의 도움을 얻는다면 귀한 명으로 현달한다.

<천덕귀인·월덕귀인>

월지	亥	卯	未	寅	午	戌	巳	酉	丑	申	子	辰
천덕귀인	乙	申	甲	丁	亥	丙	辛	寅	庚	癸	巳	壬
월덕귀인	甲	甲	甲	丙	丙	丙	庚	庚	庚	壬	壬	壬

② 천의성

천의성(天醫星)은 활인성(活人星)이라고도 한다. 월지의 바로 앞 字, 예를 들어 子월이면 亥, 寅월이면 丑, 하늘에서 내려준 의사, 사람을 살려내는 일을 한다, 의사, 한의사, 약사, 간호사, 침술사, 종교지도자, 교육자 인연이다.

5) 기타 신살
① 천라지망

천라지망(天羅地網)은 하늘이나 땅에 그물이 쳐져있다는 뜻이다.
천라는 천문(天門)으로서 戌亥의 두 글자인데, 일지에 戌亥중 하나가 있고 시지나 월지에 연이서 다른 하나가 있으면 영향력이 가장 크다.
지망은 지호(地戶)로서 辰巳의 두 글자인데, 일지에 辰巳중 하나가 있고 시지나 월지에 연이어서 다른 하나가 있으면 영향력이 가장 크다.
일에 장애(걸림)가 생긴다, 앞날에 장애물이 있고 애로사항이 발생할 소지가 높다.
그러나 법망(法網)을 활용하는 경찰, 검찰, 정보기관, 군인, 사법관, 형무관 등 특수기관에 종사하면 무방하다.
정신이 하늘과 땅을 드나드는 것이므로 정신적인 면이 뛰어나다.
정신세계, 종교, 수행, 역학, 기도, 무속, 기공, 수련, 활인업 분야에도 인연이 있다.
☞ 제7장 1절 <천간합의 구성 원리>에서 그림 <오천오운 천문도> 참고.

② 괴강

괴강(魁罡)은 우두머리 별자리라는 뜻이다. 庚辰·庚戌·壬辰·壬戌이다.

辰은 지괴(地魁)로서 땅의 우두머리, 戌은 천강(天罡)으로서 하늘의 우두머리 별이다. 주로 일주에 적용한다. 다른 주(柱)의 육친에도 적용할 수 있다. 자존심 강하다, 강직하고 고집 세다, 추진력이 뛰어나다, 활동성이 뛰어나다, 의협심과 희생 봉사정신이 뛰어나다, 단순하고 우직하다, 자기중심적이고 극단적인 면이 있다, 성질이 지나치게 강하여 괴팍하다. 여자의 경우 괴강이면 남편 복이 없다, 남편 대신 가계를 책임지는 경우가 많다, 여자의 경우도 군인·경찰·간호사·운전사 등 여자로서 험한 일을 하면 괜찮다.

☞ 제7장 1절 <천간합의 구성 원리>에서 그림 <오천오운 천문도> 참고. 戌 천문이 천강으로, 辰 지호가 지괴로 명칭이 바뀌어 적용되고 있다. 辰과 戌을 지지로 하는 10개의 간지 甲辰·甲戌·丙辰·丙戌·戊辰·戊戌·庚辰·庚戌·壬辰·壬戌 중에서도 辰과 戌을 편인(偏印)과 편관(偏官)으로 사용하는 庚辰·庚戌·壬辰·壬戌에 더욱 굳세고 강한 의미를 부여하여 괴강이라고 하였다.

丙 壬 甲 甲　　<장영자> 1944년생, 6대운
午 戌 戌 申

'단군 이래 최대 사기사건'으로 불린 1982년 장영자·이철희 부부의 6400억원 대 어음 사기사건의 당사자이자 원조 '큰손', 4차례 구속수감, 본인은 제5공화국 권력의 희생양이라고 항변.

③ 백호살

백호살은 낙서(洛書)의 구궁도(九宮圖)에 따른 후천수에서 나왔다. 낙서는 가운데 5를 중심으로 팔(八)방에 각 수가 배열된 구(九)궁의 상이다.[171] 구궁에서 5중궁(中宮)은 오황살(五黃殺)·오귀(五鬼)로 불리며, 갇혀있는 상태, 모든 것이 끊어진 상태, 병마(病魔)와 살상(殺傷) 등을 의미한다.

---

[171] 가운데 5를 중심으로 가로·세로·대각선으로 각각 세 수를 합하면 15가 되는 마방진(魔方陣)이 된다.

4	9	2
3	5	7
8	1	6

<戊辰, 丁丑, 丙戌, 乙未, 甲辰, 癸丑, 壬戌>

1에서부터 60갑자를 차례대로 헤아려가면서 5중궁에 해당되는 간지가 백호살이다. 백호살이 옛날에는 호환(虎患)이었지만 지금은 교통사고, 질병, 예기치 못한 사고로 인한 횡사나 부상을 의미한다.

<백호살 조견표>

1	2	3	4	5	6	7	8	9	1
甲子	乙丑	丙寅	丁卯	戊辰	己巳	庚午	辛未	壬申	癸酉
2	3	4	5	6	7	8	9	1	2
甲戌	乙亥	丙子	丁丑	戊寅	己卯	庚辰	辛巳	壬午	癸未
3	4	5	6	7	8	9	1	2	3
甲申	乙酉	丙戌	丁亥	戊子	己丑	庚寅	辛卯	壬辰	癸巳
4	5	6	7	8	9	1	2	3	4
甲午	乙未	丙申	丁酉	戊戌	己亥	庚子	辛丑	壬寅	癸卯
5	6	7	8	9	1	2	3	4	5
甲辰	乙巳	丙午	丁未	戊申	己酉	庚戌	辛亥	壬子	癸丑
6	7	8	9	1	2	3	4	5	6
甲寅	乙卯	丙辰	丁巳	戊午	己未	庚申	辛酉	壬戌	癸亥

일주에 있을 때 가장 큰 영향을 받고, 그 다음으로 시주-월주-연주의 순이다. 백호살은 지지가 모두 辰戌丑未이므로 지지 충으로 갑자기 땅이 꺼지고 움직여서 이에 자리한 천간이나 지지가 예기치 못하게 영향을 받아 나타나는 현상으로 볼 수 있다. 토충(土衝)은 동기(同氣)끼리의 충이므로 백호살은 본인뿐 아니라 부모·형제·배우자·자식 등 직계의 육친관계에서도 나타난다.

"辰戌丑未 사고지의 경우 묘(墓)란 (왕성한 기가 이미 지극하게 된 후에 들어가는) 분묘의 뜻이고, 고(庫)란 목화금수의 기가 거두어져 깊이 저장되고[收藏] 뿌리를 내린[埋根] 땅이며 비유하자면 득기(得氣)한 땅(분묘)이다.

(고지인 경우) 충으로 개동(開動)해서 발복한 경우는 아직 없는데 가령 천간의 목화금수가 지지에 그 건록과 제왕[祿旺]이 없어서 전적으로 진술축미에만 의지하고 있을 경우 충하면 미미한 뿌리마저 뽑혀버리므로 마땅하지 않다.

(묘지의 경우) 충으로 동하고서 강왕(强旺)한 경우는 아직 없는데 가령 사령한 것을 용신으로 할 수 없어서(신왕 또는 신강한 경우) 土를 희신으로 삼았는데 충이 되면 유익하며 손해는 없다. 왜냐하면 대개 토는 (충하여) 동하면 발생하기 때문이다."172)

壬 丙 甲 戊 辰 戌 子 申 戌이 丙의 미미한 통근지(고지), 辰戌충이 마땅하지 않다.173)	壬 丙 庚 甲 辰 戌 午 寅 戌이 丙의 왕성한 통근지(묘지), 辰戌충이 마땅하다.174)

해당 천간의 미약하지만 뿌리가 되는 고(庫)는 묘(墓)와 달리 삼합이 되는 운이 오면 본격적으로 활용할 수 있다. 그러나 충이 되는 운에서는 뿌리가 뽑혀 버리므로 좋지 않다. 반대로 묘는 삼합이 되는 운에서는 더욱 왕해지므로 흉하고 충이 되는 운에서는 기세가 꺾이므로 마땅하다.

甲 乙 甲 辛 <곤명> 1961년생
申 未 午 丑

일주 乙未가 백호살, 壬戌대운 丁丑년에 교통사고로 죽은 다이애나 영국 황태자비. 乙일간이 未중의 乙에 유인하게 뿌리를 내리고 있다. 운에서 丑未충

---

172) 劉伯溫 저, 任鐵樵 증주, 袁樹珊 찬집, 『滴天髓闡微』(臺北: 武陵出版有限公司, 1997), <地支>, 43쪽, "墓者, 墳墓之意 ; 庫者, 木火金水收藏埋根之地, 譬如得氣之墳. 未開動而發福者也, 如木火金水之天干, 地支無寅、卯、巳、午、申、酉、亥、子之祿旺, 全賴辰戌丑未之身庫通根, 逢沖則微根拔盡. 未有沖動而強旺者也, 如不用司令, 以土爲喜神, 沖之有益無損, 蓋土動則發生矣."
173) 丙이 지지에서 유일하게 戌중의 丁에 통근하고 있는데 辰운이나 원국의 辰과 충이 되어 戌중의 丁이 辰중의 癸에게 꺼져버려서 결국 丙의 뿌리가 사라지는 경우이다.
174) 丙이 지지에서 왕성한 戌중의 丁에 통근하고 있는데 辰운이나 원국의 辰과 충이 되면 戌중의 丁이 辰중의 癸에 의해 약화되어서 丙의 기세도 수그러지는 경우이다.

과 丑戌未삼형이 되면서 乙의 뿌리가 뽑혀졌다.

戊 癸 癸 丙 <건명> 1946년생
午 卯 巳 戌

연주 丙戌이 백호살로서 처 정재 丙이 백호살지 위에 있다. 戊戌대운 戊辰년에 처가 유방암으로 죽었다. 원국에서 巳戌원진이 되고 세운에서 辰戌충이 되었다.

丁 庚 甲 甲 <곤명> 1964년생
亥 戌 戌 辰

연주 甲辰이 백호살로서 부 편재 甲이 백호살지 위에 있다. 본인이 5살 때인 戊申년에 부친이 월남전에서 전사하였다. 원국에서 辰戌충이 되고 세운의 申金은 甲木의 절지이다.

④ 전지살·복음·반음

전지살(轉止殺)은 일주(日柱)와 다른 주의 글자가 같은 것이다. 전지살은 세운에서도 보는데 일주와 세운이 같은 것이다. 세운이 일주와 같으면 복음(伏吟)이라고도 한다. 예를 들어 癸巳일주이면 癸巳년에 전지살·복음이 된다.
전지살은 잘 구르던 것이 멈추고, 복음은 엎드려 신음한다는 뜻으로 나와 같은 존재가 하나 더 생기므로 인해 이럴까 저럴까 양자택일 중에서 고민하고 갈등하는 것이다.
두 마음이 생기거나 내 자리가 빼앗긴 느낌, 내 자신이 소외된 느낌을 받는다, 혼자 속으로 고민하고 갈등하는 경향이 심해진다. 자형(自刑)과 유사한 작용을 한다. 그러므로 형살(刑殺)도 유의해야 한다.
원국에 전지살이 있으면 전공·직업·가정·배우자·국적 등에서 2가지 이상과 인연을 맺는 경우가 많다. 전지살이 연주나 월주에 있을 경우 본인이 그렇지 않다면 부모나 형제, 시주에 있을 경우 본인이 그렇지 않다면 자식이 전공·직업·가정·배우자·국적 등에서 2가지 이상과 인연을 맺고 살아가는 경우가 많다.

일주(日柱)와 세운의 간지가 서로 천극지충(天剋支沖)하는 해는 반음(返吟)이다. 반음이 되는 해는 가정과 신상에 갑작스런 변화·변동을 예고한다.

☞ 전지살, 복음, 반음은 일주 뿐만 아니라 다른 주를 기준으로 적용할 수도 있다.

⑤ 격각·공협·도충

격각(隔角)은 사주의 지지 배열상 어느 하나만 빠진 것이다. 예를 들어 子일에 寅시이거나 寅월에 子일이면 子와 寅 사이에 丑을 건너뛰어서 간격(間隔)을 하고 있는 것이다. 격각이 있으면 역마(驛馬) 및 충(冲·衝)과 비슷한 역할을 한다. 격각은 사고로 몸을 다치거나 병이 나서 수술하는 것, 이동(移動)·변동수(變動數)도 의미한다. 운(運)에서 격각이 되면 조객(弔客)과 상문(喪門)을 의미한다.

공협(拱挾)은 암암리에 작용하는 암신(暗神)으로, 사주의 지지 배열 상 어느 하나만 빠지고 연이어 있거나, 연이은 지지 삼합(三合)·방합(方合)에서 가운데 왕지(子午卯酉)만 없는 경우, 그 빠진 글자나 왕지도 끼어서 함께 있는 것으로 본다. 즉 없어도 있는 것으로 본다. 예를 들어 사주에서 子寅이 연이어 있으면 丑이, 亥未가 연이어 있으면 卯가, 申戌이 연이어 있으면 酉가 공협되어서 암암리에 존재하는 것으로 본다.

☞ 격각과 공협은 같은 상황에 대해 양면성을 본 것이다.

丁　丁　乙　戊　<곤명>
木　丑(寅)卯　午

월지卯와 일지丑이 격각(亥卯未 木운동과 巳酉丑 金운동이 충돌)이 되고, 그 사이에 寅이 공협되었다.

도충(倒沖)은 丙일생의 사주에 午가 3자 이상이면 子를 허충(虛沖)하여 오고, 丁일생의 사주에 巳가 3자 이상이면 亥를 허충하여 오는 것이다. 도충은 양이 지극하면 음이 생겨난다는 양극즉음생(陽極卽陰生)의 이치에 따라 아주

무더운 여름날이 계속되는 중에 갑자기 한바탕 소나기가 퍼붓고 지나가는 경우로 비유할 수 있다.

⑥ 현침살

甲·辛·卯·午·未·申, 이 여섯 자를 현침(懸針)이라 한다. 日이나 時에 있으면 작용력이 더욱 강하다(甲午·甲申·辛卯·辛未일주). 글자의 형상이 모두 뚫고 나오는 것(丨, 뚫을 곤)과 관련이 있다.

이 살이 길신으로 쓰이는 자는 의약업·의류제조업·이미용업·군경검(軍警檢) 분야에서 성공하며 능력과 솜씨를 발휘한다. 그러나 흉신이 되면 몸을 잘 다치고 심하면 총칼에 다치거나 교통사고를 당한다.

庚 辛 甲 辛   <건명> 『우주변화의 원리』 저자, 한의사 한동석(韓東錫)
寅 未 午 亥

78 68 58 48 38 28 18 8
丙 丁 戊 己 庚 辛 壬 癸
戌 亥 子 丑 寅 卯 辰 巳

1911년 음력 6월 5일[175] 寅時, 함경남도 함주, 3남 4녀의 장남으로 출생. 음성이 좋고 언변이 뛰어났다. 辛未일주는 현침에 해당한다.

32세 壬午(1942) 재혼했던 부인이 폐병으로 죽자 본격적으로 한의학 공부를 시작하였다. 총 5번이나 결혼을 하였다. 네 번째 부인은 출가하여 승려가 되었다.

43세 癸巳(1953) 6·25전쟁 중 부산 영도에서 제2회 한의사 국가고시에 합격하여 면허를 취득한 후 한의원을 개원하였다. 46세 丙申(1956) 서울 인사동에서 한의원을 개원하였다. 58세 戊申(1968) 서세(逝世)하였다.

『우주변화의 원리』는 일반인들에게는 생소하지만 한의학과 동양사상을 연구하는 사람들에게는 워낙 유명해서 따로 설명이 필요 없을 정도의 명저이

---

175) 양력으로는 6월 30일인데 7월 3일로 잘못 표기되어 있다. 사주원국을 비롯한 여러 정황들을 감안할 때 양력 6월 30일(음력 6월 5일)인 것으로 판단된다.

다. 저자인 한동석은 한의사로서 한의학을 심층연구하다가 『황제내경(黃帝內經)』을 통해 오운육기학(五運六氣學)에서 말하는 기(氣)의 운동상태에 관심을 가지면서 역학(易學)을 탐구하게 되었다.

동서양의 우주론, 인간론, 심성론, 종교론의 근본을 정확히 짚어내었다고 평가받고 있는 이 책은 1966년 출간 후 50여 년이 지난 현재까지도 한의학 및 동양학계의 스테디셀러로 꼽히고 있다. 한의사로도 당시 명성을 떨쳤으며 그가 남긴 『동의수세보원주석』 또한 사상의학을 공부하는 사람들의 필독서이다. 경희대학교 한의과대학의 전신인 동양의약대학 교수와 대한한의학회 초대이사도 역임하였다. 천기누설을 너무 많이 하여 하늘에서 잡아갔다는 말이 나올 정도로 뛰어난 경지에 올랐다 한다.